아름, 다운
증후군

차례

그렇게 또 한걸음 성장한다
주성이의 성장 일기

네덜란드에 오신 것을 환영합니다!	11
한국으로 탈출하기	18
축하해요! 당연한데 당연하지 않은 그 말	23
커밍아웃	31
• 언제, 누구에게, 어디까지	
가족극복력	36
• 넘어졌다 일어서 더 높이 올라가는 힘	
발달촉진을 위한 조기개입	41
• 지나치면 오히려 해롭다	
당연한 것이 당연하지 않은 사회로	47
• 어린이집 들어가기	
꽃샘추위보다 매서운 3월	51
• 초등학교 입학기	
진심은 통한다	56
• 생각보다 따뜻한 우리 사회	
이런 애를 왜 일반학교에 보냈어요?	61
• 초등학교 통합교육의 8할은 담임선생님(1)	
성실이란 매일 우유상자를 갖다 놓는 것	67
• 초등학교 통합교육의 8할은 담임선생님(2)	
통합교육은 장애 학생에게만 좋을까?	72
• 어른들보다 아이들이 낫다	
무릎 꿇는 부모가 될 용기는 없어서	75
• 실패한 '특수학급 만들기' 경험(1)	
부모라는 같은 이름, 다른 입장	81
• 실패한 '특수학급 만들기' 경험(2)	

나도 잘하는 것이 있어요 88
• 그림과 춤에 대한 행복한 도전

퀀텀 점프 94
• 계단을 뛰어오르듯 다음 단계로 올라서다

DDP 무대에 서다 98
• 너의 열정을 칭찬해

주성이 라이딩 프로젝트 102
• 다운증후군 아들을 둔 아빠의 인간승리

수학공부가 가능할까요? 107
• 끝없는 후퇴와 전진

강남 일대를 헤매다 112
• 너무 긴 방학을 보내기 위한 방법

제 아이 좀 연구해 주세요 115
• 다운증후군을 가진 사람들에 대한 연구

틀림도 다름도 아닌, 다채로운 세상을 위해 119
• 피플퍼스트 언어(people-first language)

아빠 마음은 엄마 마음과 같을까? 124
• 아빠의 적응 과정

다운증후군을 처음 보는데 129
• 장애이해교육의 한계

형이 장애인이라고요? 134
• 비장애 형제자매를 이해하기 위한 노력(1)

다른 사람에게 희망 주는 엄마 같은 우리 형 139
• 비장애 형제자매를 이해하기 위한 노력(2)

이보다 좋을 수는 없다 144
• 우리는 어벤저스 가족

이제 다운증후군은 낳아야 하지 않나요? 150
• 어느 산부인과 선생님의 질문

우리보다 위대한 것 156
• 어찌할 수 없는 저편의 세계

* 가족 앨범 * 161

장애인도, 비장애인도
작은 배려로 살아가는 것 아닐까
30년 전에도 지금도 언니는 네 살

시간과 날짜를 볼 줄 몰라요	197
• 그래도 불편하진 않으니 괜찮아요	
언니는 장애인이지?	201
• 아주 조금 이해와 배려를 바라요	
언니에겐 사회가 필요해	206
• 정해진 틀을 벗어나는 것이 두려운, 다 커버린 아이에게	
나는 손이 덜 가는 아이가 아니었다	212
언니와 나의 상관관계	215
우리 언니가 진짜로 귀여워서 저러나?	221
• 30년 전에도 지금도 언니는 네 살	
내가 먼저 존중하기	224
보호본능	227
부끄러울 수도 있지	231
• 엄마는 말로 표현하진 않았지만 나를 알아줬다	
적당한 자존감과 관계의 법칙	237
부모님에게 나는 아픈 손가락 중 하나	243
시도 때도 없이 울리는 그녀의 전화	245
언니처럼 나도 친구가 필요했다	248
너무 잘하려 애쓰지 않아도 돼	251
미안한 것도 고마운 것도 많다	255
언니의 눈빛과 표정이 보이기 시작했다	260
언니도 해야지	263
불편한 진실	266
• 언니는 운 좋은 장애인이다	
다운증후군을 마주치면 그렇게 반가울 수가 없다	269

주이 학교에서 청소하고 싶어	275
네 살이라 생각하고 대화해봐	278

모두에게 늘 아름다운 사람
다운증후군에 대한 편견과 차별을 넘어

우연과 인연 사이	287
염색체 이상이 있었던 아기들	291
노을이를 위해서	294
우리는 다운증후군을 알아야 한다	300
염색체 이상에 대한 몇 가지 기초 지식	304
자궁경부 길이보다 다운증후군 선별검사에 관심을	308
임신 중 기형아 검사가 있다, 없다?	313
다운증후군 Q & A	318
다운증후군의 선별검사에도 '예방접종'이 필요하다	322
다운증후군 상담 지침의 변화	325
다운증후군에 대한 오해와 실제	329
세계의 다운증후군 • 유병률과 출생률	339
다운증후군에 동반되는 주요 의학적 문제	341
다운증후군과 유명 인물	346

* 감사의 말 *	350

최은경

연세대학교 간호대학 교수(아동간호학 전공). 연세대학교 간호대학을 졸업하고 미국 신시내티대학에서 아동전문간호사 과정 석사학위, 연세대학교에서 간호학 박사학위를 받았다. 주로 만성질환, 장애 어린이와 가족에 대해 연구하고 있다. 다운증후군을 가진 아들을 키우면서 다음카페 〈전국다운부모모임〉의 운영진, 사회복지법인 다운회 이사로 활동하고 있다. 2021년부터 유튜브 〈다운증후군_스며들다〉 채널을 운영 중이다. 장애가 우리 사회에 '스며들어' 장애라는 것이 아무렇지도 않은 사회가 되게 하고 싶다.

그렇게 또 한걸음 성장한다

주성이의 성장 일기

주성이가 태어나고 지금까지 새로운 장소에서 새로운 언어를 배우고 새로운 사람들을 만났습니다. 돌이켜보니 분명 어렵고 힘들었던 때도 있었지만 행복한 시간이 훨씬 많았습니다. 멋진 그림이 되려면 다채로운 명도와 채도가 필요합니다. 아직 미완성이지만 우리 가족은 계속 멋진 그림을 그리는 중입니다. 점이 모여 선이 되고, 선이 모여 면이 됩니다. 이 모든 것의 시작은 '지금 이 순간' 입니다. 지금 이 순간 여러분의 점, 선, 면은 어떤가요?

네덜란드에 오신 것을
환영합니다!

2004년 가을, 미국 신시내티 대학 아동전문간호사 석사과정 수업에서였다. 신시내티 어린이병원 발달장애 클리닉에서 일하는 교수님께서 둘러앉은 학생들에게 종이를 한 장씩 나눠주셨다. 그리고 아주 천천히 읽어나갔다.

〈네덜란드에 오신 것을 환영합니다!〉
 종종 장애 어린이를 키우는 경험에 대해 얘기해달라는 부탁을 받습니다. 그런 경험이 없는 사람이 과연 장애아를 키우는 것이 어떤 것인지 조금이나마 이해하도록 말이지요.
 아기를 갖는 건 이탈리아로 멋진 여행을 계획하는 것과 같습니다. 당신은 안내서를 여러 권 사고, 굉장한 계획을 세우죠. 콜로세움에 가보자! 베니스의 곤돌라와 가면 축제는 어떨까? 유명한 이탈리아 와인, 피자, 파스타는? 또 이탈리아에서 사용할 간단한 문장도 몇 개 연습하겠지요. 모든 게 정말 흥미진진합니다.

몇 달을 간절히 기다린 끝에 출발의 날이 옵니다. 가방을 싸서 공항으로 출발하지요. 몇 시간 후, 비행기가 착륙하고 승무원이 말합니다.

"네덜란드에 오신 것을 환영합니다!"

"네덜란드요? 지금 네덜란드라고 했어요? 분명히 이탈리아에 가기로 예약했는데요. 이미 도착했어야 하는데… 이탈리아를 얼마나 오랫동안 기대했는데요!"

그러나 비행 계획이 바뀌었습니다. 이제 네덜란드에 머물 수밖에 없습니다. 중요한 것은, 여기가 끔찍하고 혐오스럽고 더러운 곳이 아니라는 겁니다. 기근, 질병으로 가득한 곳도 아니고요. 그저 다른 곳이지요. 새로운 안내 책자를 사야 하고, 전혀 다른 언어를 배워야 하고, 한 번도 만난 적 없던 사람들을 만나게 됩니다.

그러나 여기는 단지 '다른' 곳일 뿐이에요. 이탈리아처럼 화려하진 않고, 모든 것이 이탈리아보다 천천히 진행되지요. 하지만 시간이 지나 한숨 돌리고 나면 주변을 둘러보게 됩니다. 네덜란드는 풍차가 있고, 튤립이 있고 렘브란트의 그림이 있는 아름다운 곳임을 깨닫게 되지요. 당신이 아는 모든 사람은 이탈리아 여행을 했다고 잘난 체하고, 거기서 얼마나 좋은 시간을 보냈는지 자랑합니다. 당신은 이렇게 말하겠지요.

"그래요, 나도 이탈리아에 가려고 했어요. 그럴 계획이었죠."

그 아픔은 잘 없어지지 않아요. 이탈리아로 가는 꿈을 못 이룬 것은 아주 큰 상실감이거든요. 하지만 이탈리아에 가지 못한 것을 계속 슬퍼만 하면, 매우 특별하고 사랑스러운 것을 마음껏 즐길 수 없습니다. 아름다운 네덜란드 말이에요.

에밀리 킹슬리Emily Kingsley는 미국 어린이 텔레비전 시리즈 〈세서미 스트리트Sesame Street〉의 작가로, 다운증후군을 가진 아들 제이슨Jason이 있었다. 주변 사람이 장애 자녀를 키우는 경험에 대해 자주 물어왔기에, 작가였던 그녀는 1987년 〈네덜란드에 오신 것을 환영합니다Welcome to Holland〉라는 이야기를 썼다. 선천적 장애 자녀를 둔 부모의 경험을 잘 표현한 이 글은 지금도 전 세계 수많은 사람에게 감동을 준다.

당시 나는 임신 5개월이었다. 뱃속에 아이를 품고 있어서였을까? 삶의 깊은 진실을 알려주는 이야기에 절로 공감이 되어 눈시울이 뜨거워졌다. 2005년 4월, 내가 이 글을 다시 받게 될 줄은 꿈에도 모른 채.

2005년 4월 7일, 오하이오주 신시내티. 진통이 시작되었다. 소아청소년과 전공의 4년차였던 남편은 미국에 오지 못했다. 이른 휴가를 쓸 수 있을 것으로 예상했지만, 병원 상황이 좋지 않아 자리를 비울 수 없었다. 친정 부모님이 오신 것만도 천만다행이었다. 그때는 원정 출산이 유행이었다. 캘리포니아를 비롯해 한인들이 모여 사는 곳에는 출산을 위해 한국에서 건너온 임산부를 흔히 볼 수 있었다. 원정 출산을 계획한 것은 아니었다. 석사학위 졸업이 3월 말이었는데 분만 예정일이 4월 첫째 주라서 미국에서 출산할 수밖에 없었다. 임신 소식을 전했을 때 부모님은 무척 좋아하셨다. 딸이 미국에서 대학원도 졸업하고 손주까지 낳아 온다니, 금상첨화라고 생각하셨던 것 같다. 부모님은 기특한 딸을 위해 기꺼이 신시내티까지 와 출산 준비를 도와주셨다.

아무리 첫아이라지만 진통이 시작되고 만 24시간이 지나도록 나오지 않았다. 진공 분만도 실패하고, 결국 집게forcep로 아기를 잡아 꺼내야 했다. 진공 분만과 겸자 분만을 거친 아기는 머리가 찌그러지고 커다란 혈종이 생겨 영락없이 외계인 같았다. 못생기긴 했지만 3.6 킬로그램의 통통한 아기를 품에 안았다. 아기도 나처럼 무척 피곤하고 지친 것 같았다.

그날 새벽, 자고 있는데 신생아 전문간호사가 병실로 찾아왔다. 몇 가지 처치가 필요해서 아기를 신생아 집중치료실로 옮겼다고 했다. 헤마토크릿* 수치가 높아 배꼽 혈관으로 식염수를 주입했고, 산소 포화도가 잠깐 떨어졌지만 산소를 투여했더니 이내 회복되었다고 했다. 그리고… 특별한 소견이 있었다. 눈꼬리가 위로 올라갔고, 콧대가 낮으며, 손금이 한 줄이었다. 목 뒷덜미가 두텁고 근육 긴장도가 떨어진다고도 했다. 다운증후군 아기의 특징적인 외모였다. 간호사는 염색체 검사를 해야 할 것 같다며 동의를 구했다. 그날 밤은 분만 시 맞은 무통주사의 부작용으로 한쪽 다리가 너무 저려 잠을 이룰 수 없었다. '정말 다운증후군이면 어떡하지.'라는 걱정에 더 아팠는지도 모르겠다.

다음 날 아침, 신생아 집중치료실에 아기를 보러 갔다.
"조슈아, 주성아."
하루 만에 아기는 지구인의 모습으로 돌아와 있었다. 편한지, 힘이 없는지 쌔근쌔근 잠들어 있었다. 모유 수유를 하려고 안고 있으니 생각이 꼬리를 물었다. '괜찮을 거야… 괜찮을 거야… 아닐 거야…' 조마조마한 기다림 속에서 며칠이 흘렀다. 드디어 검사 결과가 나오는 날이었다. 아니기

• hematocrit, 혈액 속에서 혈구가 차지하는 용적 비율. 다운증후군 신생아는 적혈구 증가증으로 헤마토크릿 수치가 높은 경우가 흔하다.

를 바랐지만, 아동간호학을 전공한 나는 이미 알고 있었다. 분명한 사실이었다. 그럼에도 내 귀로 듣기 전까지는 믿고 싶지 않았다. 신생아 전문의 선생님이 병실로 들어오셨다. 나이가 많으신 할머니 선생님이셨다. 침상에 앉아 있는 내 옆에 걸터 앉더니 내 손을 잡으셨다. 첫마디가 뜻밖이었다.

"조슈아가 태어난 것을 축하해요! Congratulations on birth of Joshua!"

다운증후군이 아니라서 축하한다고 한 줄 알았다. 하지만 아니었다.

"염색체 검사 결과 다운증후군으로 나왔어요. 잘 알겠지만, 다운증후군 어린이도 걷고, 뛰고, 말하고, 학교도 다니고, 잘 자랄 수 있어요. 좀 늦을 뿐이죠. 내 남동생도 다운증후군이 있어요. 지금 50대지요. 그 애가 아침에 일어나자마자 제일 먼저 뭘 하는지 알아요? 신문 두 가지를 봐요. 직업도 둘이나 되고요. 걔가 못하는 게 있는데, 아직 통장 관리는 못 해요. 그건 아직도 우리 엄마가 하죠.

그런데 내 동생은 50년 전에 태어났답니다. 조슈아는 2005년에 태어났고요. 한국 상황은 잘 모르지만 당신은 아동 전문간호사이고, 남편도 소아과 의사라고 했잖아요. 2005년에 태어난 조슈아가 이런 엄마 아빠를 만나서 앞으로 얼마나 잘 성장할지 나는 상상조차 할 수 없어요. 물론 건강 문제가 있죠. 한국에서 심방중격결손(심방 사이에 작은 구멍이 있는 상태) 추적 검사를 하고, 엄지손가락 성형수술도 해야겠지만, 어려운 일이 아니에요. 당신과 남편이 잘해 낼 겁니다."

그녀는 개나리색 봉투를 내밀었다. 다운증후군과 관련된 많은 정보가 들어 있었다. 미국 다운증후군협회와 각주 지부, 자조그룹, 그리고 〈네덜란드에 오신 것을 환영합니다!〉. 그렇게 이 글을 다시 만났다. 이제 다운증후군 아기의 엄마로서 네덜란드에 도착한 것이다. 몇 개월 후에 새로운 사실을 알았다. 지금은 달라졌지만, 당시 우리나라에서 다운증후군 아이를 낳았을 때 의료진에게서 "축하해요!"란 말을 듣는 것은 상상도 할 수 없다는 것을.

한국으로
탈출하기

나는 자연분만을 해서 3일째에 퇴원해야 했는데, 주성이는 신생아 집중치료실에서 상태를 지켜보느라 5일째에야 퇴원할 수 있다고 했다. 모유 먹일 일이 걱정이었다. 아기는 다운증후군 특유의 근육긴장저하 ^{hypotonia} 때문에 젖을 잘 빨지 못했다. 나도 초산이라 능숙할 리 없어 박자가 안 맞았다. 내가 먼저 퇴원하면 자동차로 10분 거리인 기숙사에서 모유를 유축해 가져가야 하는데, 아직 초유 수준이라 제대로 할 자신이 없었다. 2~3시간 간격으로 직접 차를 몰고 오갈 일도 막막했다. 담당 간호사에게 울먹이면서 짧은 영어로 호소했다.

조금 있으니 담당 간호사가 병원 측과 얘기가 되어서 내가 있을 곳을 마련했다고 한다. 퇴원 수속 후 병실을 옮겨야 한다고 해서 부모님과 함께 짐을 싸서 따라갔다. 알고 보니 원래 병실이었지만 임시 의료용품 보관 창고로 쓰는 곳이었다. 구석에 미처 치우지 못한 주사액 걸대가 여러 개 있었다. 주입펌프까지 달린 채. 그렇지만 침대도 있고, 화장실도 있었다. 물품을 다른 창고로 뺐으니 조슈아가 퇴원할 때까지 써도 된다고 했다. 다만 퇴원 수속을 했으니 병원 식사는 안 나온다며 웃었다. 제정신이 아니어서 너무 고맙다는 말밖에 못했다. 정신을 놓지 않으려고 안간힘을 쓰느라 제대로 감사를 표할 마음의 여유가 없었다. 자율면회이니 계속 주성이를 찾아가 젖을 빨릴 수 있다는 생각만 했다.

지금 생각해보면 내가 가련해 보였던 모양이다. 자그만 동양 여자 아이가(나는 어려 보이는 데다 키까지 작아서 미국인들이 중학생으로 보기도 했다) 남편도 없이 혼자 아이를 낳았는데 다운증후군 진단을 받았으니 특별히 신경을 써준 것이다. 아무튼 간호사들의 배려로 이틀이나 병실을 무료로 이용하게 되자, 엄마로서 최선을 다할 수 있다는 용기가 생겼다. 우리는 5일째 되는 날 함께 기숙사로 돌아왔다.

당장 남편이 있는 한국으로 돌아가고 싶었다. 그런데 돌아가는 길이 쉽지 않았다. 우선 주성이의 여권을 만들려면 출생증명서가 필요했다. 2005년에는 병원에서 출생증명서가 나오기까지 한 달이 걸렸다. '응급' 출생증명서를 받기 위해 너덧 번이나 병원을 방문했다. 열흘 만에 겨우 출생증명서를 받았다. 여권은 아이를 하얀 종이에 눕혀 놓고 사진을 찍어 신속 신청했지만, 또 일주일이 지나서야 도착했다.

그 사이 주성이는 신생아 황달이 시작되어 점점 노래졌다. 방문간호사가 보고 병원 예약을 잡아줬다. 황달 수치는 입원 기준 바로 아래까지 올라 있었다. 사나흘 더 두고 보자고 했다. 집에서 뭔가 해줄 수 없을까? 생각 끝에 광선치료 대신 아기를 햇볕이 드는 창가 테이블에 눕혀 두고, 해가 움직일 때마다 테이블을 옮겼다. 그런 정성 덕이었는지 황달 수치가 점점 내려가 입원을 하지 않아도 되었다. 출국 전에 심장 초음파 검사를 받았다. 심방 사이에 구멍이 있으니 한국에서 정밀 검사를 해야 한다고 했다. 청력 선별검사는 통과하지 못해 역시 한국에서 재검사하기로 했다. 선천 심장병과 청력 문제는 다운증후군 진단의 충격에 비하면 아무것도 아니었다. 남아 있는 진료만 잘 받으면 한국에 갈 수 있을 줄 알았다.

병원비 청구서가 기숙사로 날아오기 시작했다. 병원 부서마다 따로 청구서를 보냈다. 퇴원할 때 돈 내라는 이야기가 없길래, 내가 든 임신 보험으로 다 해결이 되는 줄 알았다. 청구서들을 가만히 보니 뭔가 이상했다. 대학원생일 때 예상치 않게 임신한 터라 학생 보험으로는 커버되지 않았기에 산전관리, 분만, 산후관리 보험을 추가로 들었었다. 알고 보니 자연분만, 건강한 신생아에게만 적용되는 보험이었다. 거기까지는 미처 생각하지 못했다. 신생아 집중치료실 입원비와 염색체 검사, 심장 초음파 등 추가적인 검사는 전혀 보험 적용이 안 되었다. 의료비 청구서를 모두 모으니 총액이 약 2천만 원이었다.

여기저기 수소문을 해보고, 병원 사회사업팀에 찾아갔다. 주성이는 미국 시민권이 있으니 부모의 재정 상태를 증명하면 의료비가 감면될 수도 있다고 했다. 다행인지 불행인지 나는 대학원에 다니며 모은 돈을 다 써서 잔고가 없었고, 남편은 전공의로 미국 기준에서는 아주 박봉이었기에 통장 잔고 등을 공증받아 제출했다. 판정 기간이 2~3주 걸렸다. 그 동안에도 여기저기 찾아 다니며 짧은 영어로 사정을 설명했다. 결국 저소득층 지원 프로그램 대상자로 판정되어 의료비가 모두 감면되고, 몇 가지 아기용품 바우처까지 받았다.

글로 쓰니 간단하지만, 정말 너무 힘들었다. 차라리 방법이 있는 줄 몰랐으면 한국에서 대출을 받아 병원비를 내고 말았을 텐데, 신청해보라고 하니 신청하면 되는 줄 알았다. 미국의 행정 처리 속도는 한국인에게 엄청난 인내심을 필요로 한다. 더욱이 하루가 급한 처지가 아닌가? 그러나 우리의 '빨리빨리'가 그들에게 통할 리 없었다. 절박한 심정으로 매일 여기저기 가라는 대로 찾아다니며 짧은 영어로 익숙지 않은 타국의 행정 시스템과 부딪친 것은 평생 다시 하고 싶지 않은 경험이었다. 진짜 그렇게 고생할 줄 알았으면 아예 시작하지 않았을 것이다. 그렇게 한 달이 지나고 우리 네 사람은 마침내 인천공항에 도착했다. 어벤저스라도 된 기분으로.

축하해요!
당연한데 당연하지 않은 그 말

　　　　　　2005년 5월 초, 미국에서 도망치듯 탈출해 돌아오니 남편이 있었다. 이제 뭐든 혼자 해결하지 않아도 된다는 안도감만으로도 살 것 같았다. 두 달 후 남편과 태릉에 있는 다운복지관 부모모임에 참석했다. 사회복지법인 다운회의 다운복지관에서 다음 카페 '다운증후군 부모모임'에 장소를 제공해주었다. 일정이 끝난 후 6~7명의 엄마들이 아이들을 데리고 편안하게 이야기를 나누었다. 아이들은 대부분 열 살 아래였다. 엄마 중에는 초보맘인 내가, 아이들 중에는 주성이가 가장 어렸다.

　아이 키우는 이야기가 물이 오를 무렵, 출산 후 자녀의 진단을 처음 들었을 때로 화제가 옮겨 갔다. 갑자기 엄마들의 반응이 격해지며 의료진에 대한 불신으로 가득한 보호자 모드로 변했다. 병원에서 일하면서 종종 경험하는, 화가 많이 난 보호자의 모습이었다. 믿을 수 없는 말이 오갔다.

"우리 ○○가 태어났을 때 담당 의사가 한 첫마디가 뭔 줄 알아요? '키우실 거예요?'였어요. 그날 밤에 너무 분해서 칼 가지고 가서 의사를 찌르고 싶었어요."

"우리 애 담당 의사는 다운증후군의 온갖 합병증을 읽어주더니 열 살까지밖에 못 산다고 하더라고요. 지금 얘가 열 살이에요. 그 의사 찾아가서 우리 애 아직도 살아있는데 어쩔 거냐고 따지고 싶어요."

부정적인 경험 일색이었다. 부모들이 만난 의사는 산부인과 또는 소아청소년과였을 것이다. 다운증후군을 진단받은 아기의 부모에게 이런 식으로 진단이 전달된다는 것이 믿기지 않았다. 미국에서 경험한 일은 말도 꺼낼 수 없었다. 그때 받은 충격은 오래도록 마음에 남았다.

그해 가을, 박사과정 공부를 시작했다. 주성이를 낳고 짧은 기간 동안 경험한 바를 여러 논문에서 확인할 수 있었다. 부모들은 자녀가 질병 또는 장애 진단을 받았을 때 다양한 감정을 경험한다.

부정: 검사 결과를 받아들이지 못하고 다른 병원을 찾아 다시 검사를 받는 수가 많다. '아닐 거야'라고 생각하며 아기의 특징적인 외모를 부인한다. 나도 그랬다. '눈꼬리가 올라간 것은

진공분만을 했으니 머리에 혈종이 생기면서 딸려 올라간 거지, 콧대가 낮은 것은 동양 아이들이 다 그렇지, 손금이 하나면 부자 되는 손금이라는데 무슨 다운증후군? 목 뒷덜미가 두터운 것은 남편도 그런 걸, 아빠 닮았네!'

분노: 신 또는 가족, 의료인을 원망한다. 특히 의사에게 왜 산전에 진단하지 못했냐고 따진다. 나는 하나님에 대한 원망이 컸다. '지금까지 어려움 없이 살긴 했는데요, 그렇다고 이렇게 힘든 일을 겪게 하시다니요? 제가 교회도 잘 다니고 봉사도 많이 했는데 어떻게 이러실 수 있나요?'

우울: 특히 엄마가 감정 기복이 심하다. 우울감은 산후 우울증과 결합해 오래 지속될 수 있으므로 주의해야 한다. 하루는 아이가 어떤 어려움을 겪어도 내가 엄마니까 잘 키울 수 있을 거라고 생각하지만, 다음날은 자신감이 바닥일 때도 있다.

죄책감: 자녀가 아프면 많은 부모가 자신의 잘못에서 원인을 찾으려고 한다. 특히 선천적 문제가 있으면 아기를 품고 있었던 엄마는 이런 생각을 떨치기 어렵다. '임신 초기에 감기약을 먹어서 그런가? 하루에 커피 한 잔 정도는 괜찮다고 했는데? 임신 중에 직장에서 스트레스를 너무 많이 받았나?' 이런 생각이 끊이지 않는다. 나는 다운증후군이 '돌연변이'로 생기는 것임을 알았기에 죄책감은 거의 없었지만, '여름 휴가에 남편이 오지 않았더라면' 등 과거를 돌아보며 후회한 적은 있다.

거부감/증오심: 특히 신체 장애가 외모로 나타나면 아기를 볼 준비가 되지 않거나 받아들이기 힘들어 하는 부모가 있다. 신생아 집중치료실에서는 부모가 면회 오지 않는 아기들도 종종 있다. 하지만 아기의 장애와 질병에 상관없이, 아니 오히려 아픈 아기일수록 부모로서 애정이 더욱 강해지는 경우도 많다.

논문을 읽다보니 자녀의 진단을 전하는 의료진의 태도와 부모가 아이를 받아들이는 것 사이에 관련이 있을지 학문적 호기심이 생겼다. 그래서 2007년 '다운증후군 진단을 전달하는 방식과 부모의 반응'을 주제로 조사 연구를 수행했다. 국제학술지에 처음 게재한 논문이라 지금 보면 아쉬운 부분이 많지만, 당시만 해도 우리나라에는 이런 주제의 연구가 없었고, 국외에도 많지 않았다.

연구 결과는 간단했다. 진단을 전달할 때 의료진의 긍정적인 태도(다운증후군의 긍정적인 면을 강조, 질문할 시간을 충분히 주기, 부모에게 감정을 표현할 기회를 주기, 동정하지 않기 등)는 충분한 정보 제공(다운증후군 관련 최신 정보, 관련 단체 정보, 양육 정보 등)과 관련이 있었다. 또한 충분한 정보 제공은 결국 부모가 아이를 긍정적으로 받아들이고 희망을 가지는 것과 관련이 있었다.

의료인과 부모 측면에서 몇 가지 고려할 점이 있다.

2000년대 이전에는 의료인이 아기의 진단을 부모에게 어떻게 전달해야 할지 훈련받을 기회가 없었다. '진단'은 엄청난 소식이다. 특히 갓 태어난 아기에게 고칠 수 없는 장애가 있다는 것은 전혀 예상하지 못했던 부모에게 실로 충격적인 소식이다. 그럼에도 부모의 마음과 상황을 헤아리는 교육 과정이 제공되지 않았다. 개인의 노력으로 이런 역량을 기르기는 사실상 불가능하다.

장애에 대한 개인의 관점은 장애인을 직접 경험해본 적이 있는지에 달렸다. 2000년 이전에 장애인과 함께 학교를 다니거나 생활해본 경험이 있는 의료인은 많지 않았을 것이다. 우리나라가 경제적으로 선진국이 된 지금도 장애 인식이 따라가지 못하는데, 20년 전에는 오죽했을까? 현재 우리나라 장애인 중 발달장애인이 8%인데, 아직도 장애인 거주 시설 입주자의 80%가 발달장애인이다. 20년 전에는 진단을 전하는 의료진도 발달장애인이 얼마나 잘 살 수 있는지, 장애 자녀를 키우는 가정도 행복할 수 있는지 알 턱이 없었다.

진단을 듣는 것은 부모의 삶에서 가장 힘든 순간이다. 아이를 받아들이기까지 부정, 분노, 죄책감, 우울, 거부감으로 힘겨워하는 동안 분노의 화살은 그 소식을 전한 의료인을 향할 수 있다. 원망하고 분노할 대상이 필요한데, 마침 마음을 후벼 판 사람이 눈앞에 있는 것이다. 그래서 더 아프고 끔찍한 기억으로 확대되었을지 모른다. 그럼에도 20여 년 전 부모들에게 제공된 정보의 내용과 전달 방식, 의료진의 태도는 너무도 아쉽다. 불과 몇 년 후 미국에서 "축하합니다!"로 시작하는 의료 서비스를 받은 나는 엄청나게 운이 좋았던 셈이다.

2023년 현재는 너무나 달라졌다. 이 책을 쓴 것도 우연히 오수영 교수님의 산전진단 유튜브 영상을 본 것이 결정적인 계기가 되었다. 교수님은 다운증후군을 가진 사람들의 긍정적인 면과 다양한 직업을 갖고 살아가는 모습을 강조했다. 염색체 검사의 의미가 무엇인지 다시 생각해보게 되었다. 이런 의사가 우리나라에 있구나! 기쁜 마음으로 교수님을 수소문해 만났고, 셋이서 책을 쓰기 시작했다.

미국이라고 모두 진단을 제대로 전달하는 것은 아니다. 2022년 미국소아과학회에서 〈다운증후군 어린이와 청소년을 위한 건강관리 가이드라인〉을 11년 만에 개정했다. 이전 가이드라인과 눈에 띄게 달라진 부분은 반갑게도 다운증후군 진단을 부모에게 어떻게 전달해야 하는지 강조했다는 것이다.

진단 시, 이렇게 접근합니다
- 먼저 가족에게 축하의 말을 전합니다.
- 설명할 때 아기와 함께 하고, 아기의 이름을 불러줍니다.
- 침상 옆에서 정중한 매너를 지킵니다.
- 진통이 끝나고 진단이 의심되는 즉시(확진이 아니라도) 정보를 공유합니다.
- 상황에 따라 부모와 가족에게 도움을 줄 수 있는 분을 참석시킵니다.
- 응집력 있는 의료진 주도의 팀 접근 방식을 사용합니다.

이런 정보가 도움이 됩니다
- 정확한 최신 정보
- 의료진의 개인적 의견과 경험보다는 균형 잡힌 접근
- 사람을 먼저, 진단명을 뒤에(child with Down syndrome)
- 다른 부모 및 지지 그룹을 연결

　● 우리말과는 어순상 맞지 않는다.

- 다운증후군을 가진 사람의 잠재성을 강조

가족 상호작용과 개개인의 관심을 공유합니다
- 다운증후군 당사자 – 약 99%가 행복하다고 응답했고, 97%는 스스로를 좋아합니다. 의료인은 그들의 가치를 높이 평가하도록 격려하고, 다운증후군 당사자가 다른 사람들과 비슷한 꿈과 희망을 갖는다는 점을 강조해야 합니다.
- 부모 – 79%의 부모가 다운증후군 자녀 덕분에 긍정적인 세계관을 갖게 되었다고 응답했습니다.
- 형제자매 – 88%의 형제자매가 다운증후군 형제나 자매 덕분에 자신이 더 나은 사람이 되었다고 응답했습니다.
- 대다수 가족이 한결같이 사랑과 자부심을 보고했습니다.
- 이들에게는 긍정적인 주제가 나타나는 특징이 있습니다.

건강 문제를 가지고 태어난 아기들의 부모를 만나는 모든 의료진이 이런 내용을 실천하는 날이 올 것이다. 나도 간호대학 수업 중 이 주제를 매년 다룬다.

커밍아웃

언제, 누구에게, 어디까지

〈우리말샘〉에 따르면 커밍아웃coming-out 이란 동성애자가 자신의 성 정체성을 공개적으로 밝히는 일이다. 장애 가족도 커밍아웃이 필요하다. 그런데 아이의 장애를 커밍아웃할 때의 스트레스는 처음 진단을 전해 들었을 때의 충격 못지않다. 언제, 누구에게, 어디까지 이야기할 것인가?

아기가 태어나면 모든 사람이 아기 안부를 묻는다. 출생 시 체중과 아기 사진을 공유하고 축하를 주고받는다. 그걸로 끝이 아니다. 아기가 자라면서 성취해야 할 성장 발달 지표들을 궁금해하고 확인한다. 그것이 '아기 있는 집'에 대한 통상적인 관심과 예의다. 하지만 장애 가족에게는 큰 문제이기도 하다.

출생 직후 자녀가 다운증후군 진단을 받으면 부모는 깊은 충격에 빠진다. 건강 문제가 있다면 신생아 집중치료실에서 여러 가지 검사, 치료, 수술을 받을 수도 있다. 산후 우울증이 생길 수 있는 취약한 시기에 엄마는 다운증후군을 가진 자녀로 인해 감당하기 어려운 부담을 지게 된다.

주변 사람들에게 '어떻게 아기 소식을 전해야 할지' 역시 큰 숙제다. 우선 양가 부모님께 알려야 한다. 직장 동료, 친한 선후배, 친구는 어떻게 해야 할까? 언제, 어떻게, 누구에게 이 소식을 전해야 할까? 소식을 전하는 장면을 수없이 시뮬레이션해보지만, 상대방의 반응을 예측할 수 없고 두렵기조차 하다. 나와 아기가 거절당할 것 같은 두려움, 불쌍하게 볼 것 같은 수치심, 사회적 지위와 경제 상태에 상관없이 실패자가 된 것 같은 기분이 들 것 같아 망설여진다. 가능하면 그 순간을 늦추거나 회피하고 싶다.

커밍아웃은 부모뿐 아니라, 조부모를 비롯한 가족에게도 어려운 일이다. 우리처럼 아기가 귀한 사회에서 손주를 본다는 것은 할머니, 할아버지의 관계망에서도 큰 경사다. 이들의 카톡 프로필은 손주 사진과 자랑으로 도배된다. 자녀가 결혼할 생각조차 없는 경우는 손주 본 친구들을 무척 부러워한다. 이들 세대는 발달과업을 잘 성취한 자녀가 곧 본인의 성공적인 노년을 증명한다. 반대로 조부모 세대에게 '장애'란 '다름'이 아닌 '부족함'의 상징이다. 사정이 이러니 할머니, 할아버지의 사회관계망에서 손주가 장애를 갖고 태어났음을 밝히기란 결코 쉽지 않다.

 남편에게 지금도 고마운 일이 있다. 내가 주성이와 함께 한국에 들어오기 전에 주변에 소식을 다 알린 것이다. 우리 부부는 같은 직장에 근무했기에 함께 아는 사람이 많았는데, 내 안부를 묻는 친구와 동료들에게 주성이 진단명을 '널리' 알렸다. 좀 과장하면 전 병원에 소문이 나지 않았을까? 한국에 돌아와보니 지인들이 이미 상황을 다 알고 있어서 고민이 크게 줄었다. 모르는 사람에게만 선택적으로 커밍아웃을 하면 됐다.

 그럼에도 '커밍아웃'은 불편하다. 커밍아웃하는 사람도 오만가지 생각 끝에 어렵게 말을 꺼내지만, 듣는 사람도 대부분 처음 겪는 일이기 때문이다. 어떻게 반응해야 할지 모르고, 배운 적도 없기 때문에 마음과 달리 미숙하게 반응할 수 있다. 어떻게 이런 일이 생기냐, 이제 어떻게 하냐 등 지나친 동정을 하거나, 심지어 산전검사를 안 받았냐고 묻는 사람도 있었다. 아이를 앞에 두고 그의 존재를 부정하는 것처럼 들렸다. 태어나서는 안 될 아이가 태어났다는 듯….

 상처를 받기도 했지만, 지금은 몰라서 그럴 수밖에 없었다고 생각한다. 장애인을 가까이서 경험한 이가 많지 않을 때였다. 그럼에도 이들과의 인연은 길지 못했다. 그러나 대부분의 지인들은 진심으로 마음을 나눠줬고, 아무렇지 않게 대하려고 노력했으며, 분명 주성이를 더 예뻐해줬다.

커밍아웃은 일종의 통과의례다. 힘들지만 빨리 겪고 넘어가는 것이 좋다. 그래야 사회에서 고립되지 않는다. 아이를 낳기 전의 수많은 사회적 관계가 아이를 낳은 후에도 지속되어야 부모가 건강할 수 있다. 아이에 대해 물어볼까봐, 장애가 있다는 걸 알아볼까봐, 내가 실패했다고 느껴질까봐 상황을 회피하다보면 주변에 남는 사람이 없다. 물론 다운증후군 부모들의 자조그룹이 있지만, 그 관계는 기존 관계망에 플러스 알파가 되어야지 '전부'가 되어서는 안 된다.

아이의 외모가 '괜찮은' 것 같다고 가능한 천천히 알리고 싶어하는 부모도 있다. 감히 말하건대 그건 고슴도치 부모의 생각일 뿐이다. 안타깝다고 해야 할지, 다행이라고 해야 할지 다운증후군 아이들은 딱 보면 알 수 있다. 물론 자세히 보면 나름 부모와 닮아서 모두 다르게 생겼지만, 전 세계 공통인 외모의 특징은 비켜갈 수 없다. 주변의 아기 엄마들, 친구들이 다 안다. 먼저 말하지 않으니까, 불편해하는 것 같으니까 아는 척하지 못할 뿐이다.

주성이를 키우면서 오히려 SNS를 열심히 하게 되었다. 소식을 아는 사람들에게 주성이 크는 모습을 보여주고 싶어서다. 다운증후군 아이가 있는 가족도 다른 집과 별반 다르지 않다고, 아니 더 행복할 수 있다고 보여주고 싶었다. 주성이가 태어났을 때 소식만 듣고 그 뒤로 우리 가족이 어찌 사는지 모른다면 '얼마나 힘들게 살까, 아이는 괜찮을까, 얼마나 심할까' 지레짐작할지도 모를 일이다.

주성이의 성장과정을 SNS에서라도 본 사람들은 만났을 때 더 친근하게 다가올 거라고도 생각했다. 아니나다를까, 주성이가 병원에 오면 처음 봤는데도 동료들이 엄청 반겨준다. "나 너 잘 알아!" 얼마 전에는 혼자 치과병원을 왔다가는 주성이를 알아보고 너무 반가웠다며 대학 선배가 SNS에 댓글을 남기기도 했다.

주성이가 다운증후군 홍보대사가 되었으면 좋겠다. '다운증후군 아이도 여러분의 아이와 똑같아요!'라고 알려주고 싶다. 주성이가 친근해진다면 다운증후군을 가진 다른 사람을 만나도 친근함을 느낄 수 있지 않을까? 우리와 그렇게 다른 사람이 아니라고 생각할 수 있지 않을까?

감춰야 할 비밀처럼 아이의 '다운증후군'에 대해 밝히기를 미룬 채 걱정에 휩싸인 부모가 있다면, 용기를 내 빨리 '커밍아웃'하라고 권하고 싶다. 그것이 자기 아이를 수용하는 첫 단계다.

가족극복력

넘어졌다 일어서 더 높이 올라가는 힘

소아과 병동에서 근무할 때 늘 궁금한 것이 있었다. 같은 암을 진단받고 아이의 컨디션도 비슷한데, 어떤 가족은 가정이 무너질 정도로 힘들어하고 어떤 가족은 병실에 웃음꽃이 핀다. 왜 그럴까?

몇 년 후 나도 비슷한 입장이 되었다. 내가 도착한 네덜란드에서도 주변을 돌아보니 똑같았다. 아이의 장애를 딛고 여전히 행복한 가족이 있는 한편, 스스로 세상에서 고립된 채 아이에게만 매달리다가 부부 문제도 생기고 가정을 유지하지 못하는 가족도 있었다. 왜 그럴까? 주성이를 키우면서 박사 과정을 시작했을 때 내 관심은 온통 여기에 있었다.

과거 만성질환 아동 가족 연구는 주로 질병이나 장애로 인한 스트레스의 부정적인 영향을 살폈다. 이후 1990년대에 이런 도전 앞에서도 회복과 성장을 이어가는 가족에게 관심을 갖기 시작했다. 이를 가족극복력 family resilience이라고 한다. 가족극복력은 가족이 역경에서 회복하고 변화에 적응하는 능력이다. 가족극복력이 낮은 가족은 위기 상황에서 무너지지만, 가족극복력이 높은 가족은 위기를 딛고 성장한다. 가족극복력이 높을수록 어려운 상황에 적응하는 능력이 뛰어나다.

박사 과정 중 다운증후군 자녀를 둔 가족의 극복력에 영향을 미치는 요인이 무엇인지 규명하는 연구를 했다. 아이의 건강 문제, 발달 정도, 성격이 중요할까? 지역사회의 낙인과 차별, 주변의 도움, 양질의 의료서비스는 어떨까? 부모의 건강, 학력, 경제력은?

가족극복력 모델에서는 모든 요인이 중요하다고 설명하지만, 우리나라는 다른 것 같았다. 아이의 특성과 사회의 특성이 모두 중요한 것은 아니었다. 다운증후군 자녀를 둔 우리나라 가족의 극복력에 영향을 미치는 주요 요인은 모두 가족과 관련되었다. 구체적으로 부모의 우울 정도, 가족의 응집력, 의사소통 능력이었다. 부모가 우울하면 가족극복력이 낮은 반면, 가족이 똘똘 뭉치고 의사소통을 잘 하면 가족극복력이 높았다. 자녀의 장애에도 잘 적응하는 것은 물론이다. 선천성 중추신경계 문제인 이분척추증 아동, 소아암 아동의 가족극복력에 대한 연구도 수행했는데, 결과는 비슷했다. 우리나라에서는 어린이와 지역사회의 특성보다 가족의 역량이 훨씬 중요했다.

따라서 장애나 만성질환을 가진 자녀를 둔 가족이 무너지지 않고, 나아가 상황을 받아들이고 적응하고 성장하려면 가족 역량을 강화하는 것이 가장 중요하다. 부모가 우울해지지 않게 예방하고, 우울하다면 적극적인 치료를 받아야 한다. 가족이 어떻게 서로 협력하고 효과적으로 소통할 수 있을지 복지와 의료서비스에서 알려줘야 한다.

우리는 자타 공인 '가족극복력이 높은 가족'이다. 연구 결과와 일치한다. 다운증후군 어린이는 조기중재 시 물리치료와 작업치료가 필요하다. 생후 1~2년간 검사와 진료도 자주 받아야 한다. 사직을 고민했다. 그때 친정부모님께서 선뜻 주성이를 키워주시겠다고 했다. 남편도 처가에 들어가 사는 데 흔쾌히 동의했다. 그 덕에 복직은 물론, 공부까지 시작할 수 있었다. 함께 사는 것은 우리 부부에게도, 부모님에게도 쉬운 일이 아니었다. 모두가 주성이를 잘 키우기 위해 많은 희생을 감수했다. 주성이에게는 더없이 좋은 시간이었다. 아이는 할아버지, 할머니, 삼촌, 엄마, 아빠가 지닌 장점을 통해 다양한 자극과 사랑을 받고 무럭무럭 자랐다.

시행착오도 많았지만 우리 가족은 주성이를 위해 더 똘

똘 뭉치고, 더 활발하게 의사소통했다. 나는 직업을 포기하지 않았기에 장애 자녀를 독박육아하는 엄마가 흔히 경험하는 우울감을 느낄 겨를이 없었다. 모든 것이 우리의 가족 극복력을 높였다. 주성이를 키우면서 속상하고 힘든 날보다 기쁘고 행복한 날이 더 많았다. 당연한 것이 얼마나 감사한 일인지 알고, 작은 일에도 감사하는 습관이 생겼다. 이런 가족의 특성 덕인지 주성이 얼굴에도 행복이 묻어난다.

2021년 남편이 근무하는 용인세브란스병원 원목실에서 인터뷰한 유튜브 영상이 있다. 사전에 무슨 말을 했는지 이야기하지 않아 채널을 보고야 알았다. 어쩜 우리는 주성이가 열여덟 살이 된 지금도 같은 마음이었다. 남편 역시 주성이를 키우면서 느낀 것을 주변에 널리 알리고 싶었던 것이다. 남편의 인터뷰 중 일부다.

"…큰 아들이 우리 가정에 온 것은 제게도 굉장히 축복이었고, 의사로서도, 부모로서도 성장하는데 여러 가지 도움이 됐던 것 같아요. 장애 어린이들이 가정에 오면 많은 사람들이 힘든 시간을 갖게 되는 것 같거든요. 경우에 따라서는 힘들 수도 있긴 하지만, 주성이 때문에 저희 가정은 훨씬 끈끈해졌거든요. 우리 아이 때문에 우리 가정이 훨씬 더 행복해졌다고 자부를 하거든요. 이런 문제가 있다고 해서 우리가 실망할 것이 아니고,

문제는 우리 마음가짐인 것 같아요. 긍정적인 모습을 본다고 한다면 훨씬 더 행복해질 수 있지 않을까 싶습니다.

저희 가족은 그런 마음이에요. 저희 가족이 행복한 모습을 보여주면, 다른 가족도 에너지를 얻고 희망을 얻을 수 있지 않을까? 그런 생각을 해서 우리 아이를 잘 키우려고 노력하고 있습니다.

아들에게 부족한 면이 있다는 점이 흠이 되는 것이 아니라, 우리 모두에게 행복이 됐고, 제 아내와 제가 더 성장하는 데 도움이 됐고, 그런 것들을 많이 전파하고 싶었어요. 불행한 일이라고 생각하는 일이 항상 불행은 아닐 거다, 오히려 행복이 될 수 있다고요."

발달촉진을 위한
조기개입

지나치면 오히려 해롭다

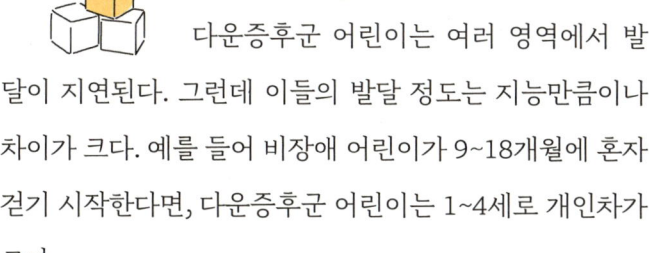 다운증후군 어린이는 여러 영역에서 발달이 지연된다. 그런데 이들의 발달 정도는 지능만큼이나 차이가 크다. 예를 들어 비장애 어린이가 9~18개월에 혼자 걷기 시작한다면, 다운증후군 어린이는 1~4세로 개인차가 크다.

특징적인 외모 덕에 다운증후군은 자폐성 장애와 달리 태어나자마자 진단받는다. 따라서 조기개입 early intervention 이 가능하다. 조기개입이란 어린이가 발달이 늦을 것으로 예상될 때, 체계적으로 발달을 촉진하는 프로그램이다. 기본적으로 물리치료, 작업치료, 언어치료 등이 포함된다.

미국은 장애인교육법 Individuals with Disabilities Education Act, IDEA 에 3세 미만 장애 어린이와 가족을 위한 조기개입 서비스 체계와 세부 내용을 명시한다. 이후 유치원에 갈 나이까지도 계속 서비스를 받는다. 미국의 조기개입은 물리, 작업,

언어치료는 물론 다양한 가족중심 서비스를 제공한다.

우리나라도 조기개입의 중요성을 깨닫고 산정특례제도를 마련해 주 1회 물리, 작업, 언어치료를 일정 부분 지원한다. 그런데 우리만의 특별한 현상이 있다. 바로 '사교육 열풍'이다. 우리나라 2021년 예산이 556조였는데, 그해 개별 가정이 지출한 초중고 학생의 사교육비 총액은 23.4조 원이었다. 사교육 열풍은 장애 어린이도 비껴갈 수 없다.

많은 부모가 '조기개입'의 목적을 제대로 모른 채 그저 급한 마음에 하루에도 두세 가지 특수치료를 받기 위해 복지관과 병원을 바삐 오간다. 아예 한 달간 재활병원에 입원해 매일 대여섯 가지 치료를 받기도 한다. 정부에서 지원하는 주 1회 치료 외에는 모두 사교육이다. 치료비도 만만치 않다. 돌을 갓 지난 아기에게 월 2백만 원 이상을 치료비로 지출하는 집도 봤다. 이것이 조기개입일까?

다운증후군 어린이는 자신만의 속도로 '느리게 성장'한다. 발달영역별 '성장 속도' 역시 비장애 어린이보다 차이가 크다. 어떤 아이는 비교적 빠른 18개월에 걷기 시작했지만, 언어는 느려 5세까지 단어 하나도 발화하지 않는다. 이런 특성을 무시하고 수많은 치료를 '집중적으로' 시행하는 것이 무슨 도움이 될까?

집중 치료에 나서는 부모의 마음은 복잡하다. '조기개입이 중요하다는데 시기를 놓쳐서 더 늦으면 어떡하지?', '다른 아이는 이 치료를 받고 발달이 빠른 것 같은데 우리도 받아야지.' '나는 전문가가 아닌데 아무래도 전문가에게 치료를 받아야 더 좋겠지?', '이렇게 열심히 하면 분명 비장애 아이처럼 클 수 있을 거야.'

아직 다운증후군 자녀를 있는 그대로 온전히 받아들이기 쉽지 않은 영유아기에는 마음이 급하다. 노력과 비용을 들이면 그만큼 발달도 좋아질 것이라고 믿고 싶다. 이런 부모의 마음을 읽는 특수치료 사교육 시장은 점점 촘촘하고 체계적으로 발달한다. 인지치료, 감각통합치료, 음악치료, 미술치료 등 특수치료와 교육의 종류만도 손으로 꼽기 어려울 정도다.

물론 각각의 치료는 안 하는 것보다 하는 편이 어린이에게 도움이 될 수 있다. 많은 연구에서 개별 치료의 긍정적인 효과를 보고하기도 한다. 그러나 이렇게 많은 조기개입을 했을 때 장기적, 전체적 측면에서 발달에 더 도움이 되었다는 연구는 국내에도, 국외에도 없는 것 같다. 사실 우리나라처럼 사교육으로 엄청난 조기개입을 하는 나라가 없기 때문에 국외에서는 이런 연구가 수행될 수도 없다.

영유아기에는 일차양육자와의 긍정적인 상호작용이 가장 중요하다. 일차양육자는 엄마, 아빠일 수도 있지만 할머니나 베이비시터일 수도 있다. 내가 태어난 세상이 내게 집중하고 나를 사랑하는 살 만한 곳임을 충분히 경험해야 한다. 가장 중요한 것을 놓치면, 아무리 많은 조기개입을 해도 아이는 정말 필요한 것을 얻지 못한다.

우리는 일찌감치 많은 치료를 포기했다. 친정 엄마에게 이곳저곳 치료실로 아이를 데리고 다녀주십사 부탁하기도 미안했다. 가장 기본적인 물리치료와 작업치료만 주 1회씩 받았다. 다행히 주성이는 대근육운동 발달이 빠른 편이라서 17개월경에 걸었다. 그때 물리치료를 중단했다. 이후 친정 엄마에게 계속 치료실 다니는 것을 맡기기 죄송해서 작업치료마저 중단했다. 두 돌경 시작한 언어치료만 집에서 계속했다. 그때도 통합감각치료, 음악치료, 미술치료, 인지치료가 있었다. 하지만 23개월경 어린이집을 다니게 되어 그곳의 자극만으로 충분하다고 생각했다. 사실 더 많은 치료를 하기도 부담스러웠다.

우리 가족이 잘했다고 자부하는 것이 있다. 우리 부부는 쉬는 날이면 혼신을 다해 아이와 함께 다양한 곳을 찾아다니며 교감하고 보여주고 경험하게 했다. 주중에는 친정 엄마가 주성이를 하루도 집에서만 놀게 하지 않았다. 놀이터, 아파트 주변 공원, 백화점, 한강, 롯데월드를 다니셨고, 외출이 어려운 날은 마트라도 데려가 다양한 자극을 주셨다. 물론 치료실에서 체계적으로 중재를 받는 것도 도움이 되겠지만, 세상과의 다양한 교류가 더 없는 자극과 중재가 되었으리라 믿는다.

혼신을 다해 많은 조기개입을 하는 부모라면 한 번쯤 생각해보면 좋겠다. '아이와 직접 교감하는 시간보다 길에서 보내는 시간이 더 많지 않은가?', '치료실에서 배운 것을 집에서 충분히 복습해주는가?', '치료 비용이 감당할 수 있는 수준인가?', '나는 진심으로 아이의 장애를 받아들였는가?', '혹시 비장애인처럼 될 수 있다는 희망으로 치료에 매달리는 것은 아닌가?'

무엇보다 중요한 질문이 있다. '우리 아이는 행복한가? 나는 행복한가? 우리 가족은 행복한가?' 대답에 조금이라도 망설임이 있다면, 너무 많은 치료를 받는 것이 아닌지 생각해봐야 할 것 같다.

조기개입은 다운증후군 어린이에게 반드시 필요하다. 하지만 우리 아이들은 분명 모두 걷고, 말하고, 읽고, 쓰고, 학교에 다닐 수 있다. 각자의 속도가 다를 뿐이다. 비장애 아이와 같아질 수는 없다. 또한 다운증후군 어린이끼리도 각자의 속도가 무척 다르다. 그 사실을, 있는 그대로 받아들여야 한다.

어쩌면 아이를 위해서가 아니라, 내 마음의 평화를 위해 치료실에 다니는 것은 아닐까? 과유불급, 너무 과하면 하지 않는 것보다 못하다.

당연한 것이
당연하지 않은 사회로

어린이집 들어가기

출산 휴가 후 직장으로 복귀하는 시점에 엄마들은 복직과 사직의 기로에 선다. 복직을 선택하려면 아이를 키워주실 양가 부모님이 계시거나, 좋은 베이비시터를 만나야 한다. 나는 운 좋게도 친정 엄마가 도와주셨기에 복직할 수 있었다. 그 다음 고민은 어린이집을 보내는 시기에 찾아온다. 비장애 어린이는 어린이집을 골라서 갈 수 있지만, 장애 어린이는 그게 쉽지 않다. 장애 전담 어린이집을 보내는 경우도 있지만, 대부분의 부모가 통합 어린이집을 선호한다. 또래와 어울리며 사회성을 기르기를 원하기 때문이다. 그러나 장애 어린이가 다닐 수 있는 통합 어린이집은 턱없이 부족하다. 집 근처에 그런 곳이 없다면 원거리 통학을 하거나 자리가 날 때까지 기다려야 한다.

주성이가 18개월이 되자 어린이집 보낼 계획을 세워야 했다. 친정 엄마의 육아 부담을 조금이라도 덜어드리고 싶었고, 아이도 친구들과 어울릴 시간이 필요했다. 하지만 집에서 가까운 통합 어린이집에는 장애 어린이 정원이 꽉 차 하염없이 기다려야 했다. 그때 내가 다니는 직장 어린이집에서 대기 순서가 되었다고 연락이 왔다. 장애 어린이가 다닌 적 없는 일반 어린이집이었다. 통합 어린이집이 아니라도 장애 어린이가 다니지 못하는 것은 아니기에 입학 상담을 받았다. 우리 간호대학 아동간호학 교수님께서 원장을 겸임하셨는데, 무척 난처해하셨다. 나는 직접 주성이에게 DDST-II 발달검사를 해서 결과를 보여드리며 아직 어리기 때문에 발달지연이 심각하지 않다고 설득했다. 교사 대 학생 비율도 1:5로 넉넉한 편이라 괜찮지 않겠냐고 간곡히 말씀드렸다. 감사하게도 교수님께서 입학을 허락해주셨다. 그래서 주성이는 23개월부터 일반 어린이집에 다녔다.

어린이집을 다니면서 주성이는 많은 자극과 경험 덕분에 훨씬 잘 성장했다. 1년 반이 지나 만 3세가 되었을 때 어린이집에서 주성이를 부담스러워하기 시작했다. 그 사이 유명 기관에서 위탁 운영하는 체계로 바뀌었고, 새로운 원장 선생님은 주성이가 5세 반에 갈 수 있을지 부모 상담이 필요하다고 하셨다. 상담 결과 아직 배변 훈련이 안 되어 교사 1인당 15명을 봐야 하는 5세 반에 다니기는 불가능하므로 유예하는 것이 좋겠다고 했다. 계속 다니려면 부모가 보조

교사를 따로 고용해 지원해줬으면 한다고도 했다. 더 이상 아이를 보살피기 어렵다는 이야기를 에둘러서 한 셈이다.

장애 아이를 키우면서 우리 사회의 냉엄한 현실을 처음 경험한 순간이었다. 집 근처 통합 어린이집을 알아보았다. 그때 기적 같은 일이 일어났다. 대기를 걸어 둔 5분 거리의 통합 어린이집에서 장애 어린이 한 명이 결원되어 자리가 난 것이다. 장애 어린이는 들어오면 졸업할 때까지 나가지 않기 때문에 중간에 결원이 생기는 일은 매우 드물었다. 게다가 우리 가족이 다니는 교회에서 위탁 운영하는 어린이집으로 몇 개월 전에 새로 생겼기에 더욱 마음에 들었다.

이렇게 첫 어린이집 생활 2년을 마무리했다. 그래도 처음이자 마지막으로 장애 어린이를 받은 일반 어린이집에서 주성이는 참 행복하게 생활했다. 선생님들께서 더 신경 쓰고, 더 사랑해주셨다. 마지막에 어려움이 있었지만, 그 또한 이해한다. 시스템이 받쳐주지 않는 조건에서 사랑만으로는 역부족이었던 것이다.

새로운 통합 어린이집 역시 큰 도움이 되었다. 한 반에 비장애 어린이 교사 1인과 장애 어린이 교사 1인, 즉 교사 2명이 15명(3명은 장애 어린이)의 어린이를 담당하기 때문에 더 면밀한 보육과 교육이 가능했다. 바로 집 앞이라서 다니기도 훨씬 편했다.

　지나고 보니 23개월 밖에 안 된 아이를 삼실에서 신촌까지, 등원 때는 최소 1시간, 하원 때는 1시간 30분 걸리는 어린이집을 어떻게 다니게 했는지 엄마로서 미안한 마음이 든다. 저녁에는 강변북로가 얼마나 밀리는지 카시트에서 지쳐 잠든 아이를 보면 마음이 아팠다. 저녁도 못 먹은 채 8시에 집에 도착하면 다음날 아침 7시에 나가는 일정이었다. 그때는 그게 최선이었지만, 이제 할머니와 걸어서 5분 거리에 있는 더 넓고 쾌적한 어린이집에 다니게 되었으니 얼마나 감사한 일인가?

　어린이집 보내기는 다운증후군 어린이가 사회로 나가기 위해 가족이 통과해야 할 첫 관문이다. 그런데 그 문턱이 생각보다 높다. 아파트 단지 내 작은 가정 어린이집도 장애가 있으면 일단 거절하는 수가 많다. 부모들은 우리 사회의 시스템이 부족하기 때문인 줄 알면서도, 내 아이가 거절당한 것 같아 가슴이 아프다. 상처는 오래 간다. 다음 발걸음을 내딛을 때 주저하게 되기도 한다. 장애 어린이의 부모들이 불필요한 아픔을 겪지 않으려면, 당연한 것이 당연한 사회가 되어야 한다. 장애 어린이가 한 명이라도 있다면 통합교육 시스템이 작동하는 사회가 진정한 선진국이 아닐까?

꽃샘추위보다
매서운 3월

초등학교 입학기

주성이가 초등학교에 입학한 때부터 매년 3월은 겨울보다도 마음이 더 추웠다. 다행히 추위는 해를 거듭할수록 덜해졌고, 열한 번째 맞는 올해 3월은 가장 따뜻했다.

장애 어린이 부모 누구에게든 아이의 학교 생활을 묻는다면 밤을 새도 모자랄 만큼 이야기 보따리를 풀어 놓을 것이다. 나도 마찬가지다. 주성이는 입학을 한 해 미뤄 아홉 살에 초등학교에 갔다. 배변 훈련이 완벽하지 않아서 불안하기도 했고, 한글을 어느 정도 깨쳐 1년만 미루면 웬만큼 읽을 수 있을 것 같았다. 운 좋게 어린이집을 1년 더 다닐 수 있는 상황이 되어 결정하기가 더 쉬웠다.

초등학교를 결정할 때도 두 가지 선택지가 있다. 장애 어린이만 다니는 특수학교, 장애 어린이와 비장애 어린이가 함께 다니는 일반학교다. 어린이집을 선택할 때처럼, 아이와 학교의 조건만 맞으면 일반학교에서 통합교육을 받고 싶은 것이 부모 마음이다. 일반학교에도 특수학급이 따로 있다. 특수학급에서는 장애 유형과 정도에 따라 일부 개별화 교육을 제공하고, 나머지 시간은 어린이의 적응 정도에 따라 일반학급에서 반 친구들과 보낸다.

  초등학교 1학년은 엄마들이 가능하면 육아휴직을 쓸 정도로 중요한 시기다. 교문 앞에는 4월이 지나도록 등하교를 도와주는 엄마들이 많다. 수업시간에 잘 앉아 있는지, 알림장은 잘 적어오는지, 친구들과 어려운 일은 없었는지, 아이의 일거수일투족이 궁금하고 걱정스럽다. 초등학교에 적응하기는 비장애 어린이에게도 만만치 않은 일이다. 한글을 떼지 못한 것은 물론, 자기 의사조차 잘 표현하지 못하는 장애 어린이에게 얼마나 큰 도전일지는 쉽게 짐작할 수 있을 것이다.

  부모의 불안한 마음은 입학식 때 벌써 나타난다. 줄에서 일탈하지 않을지 안절부절하며 지켜본다. 입학 후 며칠은 수업 중 교실을 나가버릴 수 있기 때문에 복도에서 대기하기도 한다. 실제로 갓 입학한 비장애 아이들도 수업시간에도 수시로 화장실을 다녀오는 게 예사다. 나 역시 복도에서 대기했다. 휴가 내기 어려운 날은 친정 엄마가 대신 복도를 지켰다. 3월 초 학교 복도의 냉기는 꽃샘추위보다 매서웠다. 마음이 시렸기 때문일 것이다. 어린이집보다 훨씬 많은 아이들 사이에서 의자에 앉아 있는 아이가 왜 그렇게 작고, 미숙하고, 깨질 것 같던지! 담임선생님은 엄마들에게 며칠간 지켜본 후 반에서 일탈하지는 않겠다고 판단되면 하교 때 오라고 하신다.

특수학급이 있지만 학기 초에는 보통 2주간 일반학급에서 소위 '완전 통합'을 한다. 학년이 올라가도 이 규칙은 마찬가지다. 그래야 담임선생님과 친구들이 장애인 친구를 파악하고 알아갈 수 있다는 것이다. 하지만 갑자기 새로운 환경에서 온종일 앉아있어야 하는 아이에게는 고역일 것이다. 중간에 한 시간이라도 특수학급에 가면 마음이라도 좀 편히 있다 올 텐데 억지로 앉아 있어야 하니 말이다.

1학년 때는 과목에 맞는 책을 찾아 펴기도, 알림장을 잘 잘라서 붙이기도 쉽지 않다. 한글을 아직 떼지 못했다면 수업 내용도 말로만 이해할 수 있다. 통합교육이 필요한 발달장애 어린이는 대부분 의사소통 문제가 있어 경험한 일, 원하는 것을 말로 표현하지 못하기 때문에 이 시기가 더욱 힘들다.

입학 후 2주 정도 지났을 때였다. 담임선생님도, 우리 가족도 조금 안심이 되었다. 주성이는 자리에 잘 앉아 있었고, 선생님 말씀을 들으려고 노력했다. 하루는 병원에서 일하고 있는데 친정 엄마가 전화를 하셨다. 주성이가 갑자기 없어져 선생님들이 학교 곳곳을 뒤졌는데 찾지 못했다는 게 아닌가! 큰일이었다. 아이는 한 번도 혼자 학교에서 집까지 와본 적이 없었다. 당장 가볼 수도 없어서 어찌할 바를 모른 채 발만 동동 굴렀다. 겨우 친정 엄마께 하굣길을 되돌아가봐 달라고 부탁했다. 5분도 안 되어 엄마가 다시 전화를 했다. 주성이가 실내화를 신고 혼자 집에 왔다고…

주성이는 단지 내 초등학교에 특수학급이 없어서 도보로 30분 거리의 옆 아파트 초등학교에 배정되었다. 중간에 신호등도 두 개나 있는 길이라 할머니가 등하교를 시켜주셨는데, 혼자 집에 온 것이다. 어처구니없으면서도 한편 얼마나 기특하던지! 하지만 집에 오고 싶다고 마음대로 오면 안 될 일이라 다시 학교에 데려다달라고 엄마께 부탁했다. 1시간쯤 지나 엄마에게서 들은 소식에 나는 빵 터지고 말았다.

나보다 교육열이 훨씬 높았던 엄마는 바로 112에 전화를 하셨다. "우리 손자가 장애가 있는데, 입학하자마자 학교에서 혼자 집에 와버렸어요. 이런 일이 자꾸 생기면 아이를 잃어버릴 수도 있고, 큰일이 나지 않겠어요? 이 녀석이 경찰관을 좋아하기도 하고 무서워하기도 하니, 우리 집에 와서 학교로 데려다주실 수 없을까요? 그러면 나쁜 일인 줄 알고 다시는 그러지 않을 겁니다."

정말로 지구대에서 경찰차가 출동했다! 경찰관은 집에 들어와 할머니와 함께 주성이를 연행(?)해서 경찰차에 태웠다. 경찰차는 삐뽀삐뽀 사이렌을 울리며 학교 안에까지 들어가서 주성이를 내려줬다. 전교생이 모두 무슨 일인가 하고 창문에 매달려 내려다보는 가운데!

그 뒤로 주성이는 다시는 무단 하교를 하지 않았다.

할머니의 걱정에 장애 어린이의 안전을 위해 선뜻 주민친화적 활동에 나서주신 경찰관님들께 감사드립니다.

진심은
통한다

생각보다 따뜻한 우리 사회

 초등학교에 입학하자, 한 가지 고민이 생겼다. 아이들에게 주성이를 어떻게 설명해줘야 할까? 1학년 때는 엄마들이 주도하는 반 모임도 많았다. 모임에 들어갈지 말지도 결정해야 했다. 학부모들에게도 주성이의 장애를 소개할 필요가 있었다. 물론 장애 어린이가 반에 있다는 것은 아이들에게 들어서 알겠지만, 부모의 역할이 아직 중요한 시기라 엄마들과도 소통이 필요했다.

나는 일종의 '광고지'를 만들어 가정통신문과 함께 친구들에게 전해달라고 선생님께 부탁드렸다. 선배 맘의 경험에서 나온 아이디어였다. 파일을 공유해 주신 ○○맘께 다시 한번 감사드린다.

우리 친구들의 도움이 필요한 우리반 친구예요

친구들과 부모님들이

관심을 가지고 함께 도와주면

주성이도 할 수 있어요!

주성이는 다운증후군이 있는 어린이예요.

그래서… 우리 친구들보다 조금 늦게 키가 크고

말하는 것도 조금 늦게 배워요.

당연히 생각하는 것도, 공부하는 것도

조금 느리겠죠^^*

그리고 수줍음이 많은 친구예요.

조금씩 느리게 하지만

함께 하면 같이 할 수 있답니다.

집에 와서 아이들이 주성이에 대해서

낯설고 이상하게 보인다고 이야기하면

알기 쉽게 엄마들께서 이야기해주세요.

조금 느리게 자라지만 같은 친구라고 말씀해주세요.

> 그리고 학교 오고 가시면서
> 혹시 주성이의 곤란한 상황을 보시면
> 부모님들이 관심 가지고 도와주세요.
> 주성이 엄마는 직장을 다녀요.
> 할머니, 할아버지께서 학교에 오고 가십니다.
> 주성이에게 도움이 될 만한 말씀이 있을 때
> 전화해주시면 너무 감사하겠습니다.

지금 보니 '도움이 필요한 친구'라는 표현은 장애학의 관점에서 맞지 않다. '장애인은 도움이 필요한 존재'로 인식할 수 있기 때문이다. 그때는 나도 장애에 대한 이해가 충분치 않았기에 나름 아이들의 눈높이에 맞춘 것이었다.

광고지의 효과는 너무 좋았다. 문자로 따뜻한 마음을 전해온 분도 여럿이었고, 남자 친구들 축구 모임에서도 다들 주성이를 챙기는 분위기였다. 심지어 반 총회에서는 나를 학부모회 대표로 추천해주시기도 했다. 이유는 '주성이가 좋아할 것 같아서'였다. 직장맘이라 선생님께서 불편하실 것 같다고 사양하긴 했지만….

며칠 후, 주성이의 가정통신문 파일에 답장이 한 통 들어 있었다.

> ……얼마 전 주성이에 대해 이야기하더군요. 어디가 아프냐고 묻는 딸에게 아는 바가 없어 아무 말도 못해주었는데, 편지를 통해 알게 되었네요.
> 편견없이 바라보고 작은 도움을 나눌 줄 아는 마음 건강한 딸이 되기를 바라는 마음입니다. 함께 하는 친구로서 ○○가 부족함을 보일 때는 말씀 전해주세요.

내가 지레 겁을 먹었나보다. 주성이를 어떻게든 이해시키려는 마음에 사진까지 넣어 편지를 만들었지만, 직장맘으로 바쁜 반 친구 엄마가 나와 똑같은 마음으로 답장을 해주다니…. 정말 생각지도 못한 감동이었다.

'아…정말 내가 아이를 소개하고 다녀야 하는구나, 다른 사람은 잘 해주고 싶어도, 잘 이해하고 싶어도 어떻게 표현하고 생각해야 하는지 모를 수 있는 것이구나…'

초등학교 아이들의 눈은 정확하다. 그리고 있는 그대로 표현한다. 주성이가 당연히 '달라' 보여 엄마에게 물었을 것이다. 장애 어린이를 본 적이 없고, 장애에 대해 생각해 보거나 배우지 못한 부모들은 몰라서 가르쳐주지 못하는 것이 당연하다. 장애 어린이의 부모가 당사자로서 아이를 주변에 알리고 설명할 필요가 있음을 또 한 번 느꼈다.

시작이 좋아서였을까? 주성이는 학교 외 생활에서 축구부에도 참여하고 반 친구 생일잔치도 함께 하며 편견 없이 바라보는 친구들, 엄마들 사이에서 1학년을 행복하게 보냈다. 지금 ○○는 한창 입시공부로 열심이겠지. 건강하고 멋진 청년으로 성장하기를!

이런 애를 왜
일반학교에 보냈어요?

초등학교 통합교육의 8할은 담임선생님 (1)

초등학교 6년간 다양한 선생님을 경험했다. 대부분 감사했지만, 2학년 담임선생님만은 정말 힘들었다. 반 배정 결과가 발표된 뒤, 전근 오시는 담임선생님에 대한 소문이 좋지 않아서 걱정이 많았다. 동네 엄마들 사이에 '폭탄샘'이라고 소문이 쫙 깔린 분이었다. 2학년 첫날, 복도에서 뵈니 연세가 많으셨다. 퇴직이 가깝지 않을까? 전근 첫 날이라 정신이 없으신 것 같아 간단히 인사만 드렸다. 하교 후 주성이에게 물었다. "선생님 무서우셔?" "아니야, 안 무서워, 착해…" 주성이의 관상학을 믿기로 했다.

기초정보조사서를 제출할 때, 다섯 장짜리 편지를 함께 보냈다. 주성이의 출생부터 지금까지 키운 이야기, 선생님께 부탁드리는 점, 가정에서 어떻게 지도하고 있는지 등을 자세히 썼다. 초등학교 다니는 동안 항상 이런 편지를 보냈다. 학년 첫 주에는 선생님들이 너무 바빠 미리 아이에 대한 이야기를 드리기 어려웠기 때문이다.

저녁 7시경, 담임선생님께서 전화를 하셨다. 편지를 학교에서 짬짬이 읽다가 제대로 읽으려고 집에 가지고 오셨는데, 아무래도 빨리 대화를 나누는 게 나을 것 같아서 저녁 밥상을 차려 놓은 채 전화를 했다고 하신다. 혹시 주성이를 못 맡겠다고 하실까봐 마음이 콩닥콩닥했는데 세상에나!

"이렇게 자세한 글을 써 보내서 놀랐어요. 어머니가 너무 염려하시는 것 같아서, 염려 붙들어 매라고 전화했어요. 아이들마다 자라는 속도가 달라요. 주성이가 지금은 모르는 것 같아도 머리에 서서히 입력되고, 그것이 언젠가는 꽃이 피듯 만개할 거예요…"

"학교에서 선생의 역할이 뭐겠어요? 학생들 잘 보살피는 거죠. 아이들도 실수할 수 있고 나도 실수할 수 있다고 아이들에게 첫날부터 얘기했어요. 아이들이 주성이를 좋아할 거예요. 나도 주성이가 아주 귀엽고 기특해요."

"엄마 아빠 모두 바쁘실 텐데, 학교 보내 놓고 잘 하고 있나 노심초사할 필요 전혀 없어요. 큰일이 없는 한 엄마 부를 일도 없고, 내가 가르치고 잘 보살필 수 있어요. 몇십 년 교직 생활하면서 안될 것 같던 아이들이 놀랄 정도로 발전하는 모습도 여러 번 봤어요…"

속사포처럼 계속되는 말씀을 30분간 들었다. 결론은 '학교 보내고 걱정하지 말라!' 대안학교 선생님 같은 마인드였다. '폭탄'이란 소문은 치맛바람 센 엄마들 기준이었나? 주성이에게는 맞춤형 선생님이신 것 같았다. 그러나 '학교 보내고 걱정하지 말라'던 말씀은 오래가지 않았다. 2주 정도 지났을 때, 단체사진을 찍으러 반 아이들과 함께 1층에 내려갔던 주성이가 선생님께 말도 않고 혼자 교실로 돌아간 일이 있었다. 선생님은 아이가 없어진 줄 알고 학교 여기저기를 한참 찾았다. 교실은 안 가보시고… 그날 오후 전화가 왔다.

"나는 주성이가 없어질까봐 너무나 심각한 스트레스에 시달리고 있어요. 주성이가 혹시 없어져도 나한테 책임을 묻지 않겠다는 글을 써 줘요. 주성이 맡아서 장애 학생에 대한 보수교육까지 들어야 하고 너무 힘들어요."

각서를 써달라는 것이었다. 그런 요청은 장애인차별금지법에 어긋난다고 말씀드렸더니 그 이야기는 더 안 하셨지만, 주성이 때문에 스트레스가 너무 크다는 하소연이 한참 동안 이어졌다. 2주 전 꿈과 희망을 주셨던 그 분이 맞나…. 혼란스러웠다. 다른 학부모도 마찬가지였다. 수업할 내용도 모두 숙제로 내고, 다른 엄마들에게도 막말에 가까운 이야기를 하신다는 불만이 공유되었다. 학교 생활도 힘드신 분께 손이 가는 주성이를 맡겼으니 많은 것을 바란다면 내 욕심일 터였다.

4월 말까지 조용했지만, 또 일이 생겼다. 그날은 할아버지가 차로 하교하는 주성이를 태워 상가 미술학원 1층에 내려주고 오셨다. 그런데 그날 따라 주성이는 3층 학원으로 올라가지 않고 1층 피자집 앞에 계속 서 있었다. 피자집 사장님이 물으니 피자가 먹고 싶어 서 있다고 했단다. 사장님께서는 들어오라고 해서 피자를 주시면서 엄마 전화번호를 물어봤는데…. 휴대폰 번호 한 자리를 틀리게 써서 연락이 안 됐다.

사장님은 주성이를 1시간 정도 데리고 계시다가 파출소에 연락했다. 파출소에서는 ○○초등학교에 다닌다고 하니까 학교로 연락을 했고, 하필이면 주성이가 없어지는 것에 극도로 민감하셨던 담임선생님께서 보호자로 방문하게 되었다. 며칠 후 담임선생님은 주성이 때문에 스트레스 받아 학교에 못 다니겠다고 사표를 내셨다. 내게도 가시 돋친 말을 퍼부었다. "왜 이런 애를 일반학교에 보내서 나를 이렇게 힘들게 해요? 이런 애는 특수학교에 보내야죠!"

학교에서는 교장, 교감, 학년부장, 특수교사, 담임교사 회의가 열렸다. 여러가지 이유로 사표를 반려해야 하니 주성이의 교과시간을 조금 조정하자는 결론이 났다. 원래 일정은 1교시 특수학급, 2교시 혼자 원반 통합, 3교시 보조교사 동반 원반 통합, 4, 5교시 혼자 원반 통합이었다. 대부분 원반 통합수업을 받은 셈이지만, 이제 선생님의 불안을 줄이기 위해 3, 4교시만 보조교사와 함께 원반 통합을 하고 나머지는 특수학급에 있어야 했다.

결국 우리 목표와 달리 오히려 통합수업이 줄었다. 담임선생님을 바꿔줄 리는 없고, 이런 상태로는 선생님이 주성이를 챙기지도 못할 것이며, 그렇다고 학기 초에 담임선생님 사표를 수리할 수도 없는 노릇이라 동의할 수밖에 없었다.

초등학교 통합교육은 8할이 담임선생님에게 달려 있다. 특수학급 선생님보다 담임선생님의 의지가 훨씬 중요하다. 아이가 방치된다면 발전이 있을 수 없으니 통합은 아무 의미가 없다. 다행히 보조선생님(실무사)이 너무 좋은 분이었다. 보조선생님은 장애 정도가 심한 친구들에게 더 긴 시간 배정되는 것이 보통이라, 그전까지 주성이에게는 기회가 거의 오지 않았다. 이런 곡절 속에서도 주성이는 학교 가기를 좋아했다. 매년 5월 1일에 학교 행사로 열리는 '가족사랑걷기대회'에 가보니 친구들도 주성이를 참 좋아하는 것 같았다. 그 모습에 큰 위안을 얻고 감사한 마음으로 한 해를 보낼 수 있었다.

그 담임선생님이 지금 주성이의 모습을 본다면 뭐라고 하실까? 왜 특수학교를 보내지 않았냐고 쏘아붙였던 아이가 이렇게 잘 자랐다고 깜짝 놀라시지 않을까? 힘든 추억이 있었지만 2년 후 퇴직하시고는 가끔 카톡으로 주성이 안부를 묻곤 하셨다.

그러고 보니 주성이는 1, 2학년 초에 경찰 신세를 많이 진 셈이다. 다행히 그 후로는 더 이상 경찰을 만날 일 없이 성실한 민주시민으로 살고 있다.

성실이란 매일
우유상자를 갖다 놓는 것

초등학교 통합교육의 8할은 담임선생님 (2)

학기 초 어려움이 많았지만 2학년 담임선생님은 카리스마 있는 분이었다. 주성이는 군기가 바짝 들어 학교에서 고집을 부리지 않고 바른생활을 했다. 특수학급에 머무는 시간이 길어지면서 학습지를 빠르게 풀기 시작한 것도 좋은 점이었다.

3학년 때 담임 선생님은 주성이를 많이 사랑해주셨지만, 너무 허용적이라 때로는 방치되는 느낌이었다. 학교 생활과 습관 역시 발전보다 정체 또는 퇴행되었다. 그럼에도 3학년은 특별한 일 없이 잘 마무리되었다.

4학년 3월에는 입학 후 처음 다리 뻗고 잘 수 있었다. 역시 담임선생님이 8할이었다. 4학년 담임선생님을 만난 후로 주성이는 너무 달라졌다. 통합교육을 정확히 이해하는 분이었다. 주성이의 강점을 어떻게 아이들에게 전달할지 고민하고, 긍정적 강화를 통해 주성이를 통제했다. 공교육에서 선생님의 역할에 대해 많이 실망하고 기대를 낮추었는데, 그간의 경험을 불식하는 한 해였다.

첫날부터 선생님은 주성이와 두 가지 약속을 했다. '인사 잘하기'와 '선생님 심부름 잘하기'였다. 초등학생들은 선생님 심부름을 하고 싶어 한다. 선생님은 아이들에게 주성이가 심부름을 함으로써 발전할 수 있는 부분에 대해 미리 설명하고 양해를 구했다. 그리고 매일 조금씩 더 어려운 심부름을 시키셨다. 같은 학년 다른 반 선생님께 서류 전달하기, 교무실에 계신 선생님께 서류 전달하기, 복사실에 복사물 맡기기 같은 것이었다. 또, 주성이와 다른 친구에게 우유급식 당번을 맡기며 아이들에게 이렇게 설명했다. "주성이가 도움을 받는 부분이 있는 것처럼, 친구들에게 도움을 주어야 할 임무가 있다."

3월 셋째 주, 담임선생님과의 상담이 있었다. 첫 말씀은 이랬다. "1년간 주성이의 학교 생활 목표를 어떻게 세울지 고민입니다. 어머니는 어떻게 생각하세요?" 2주밖에 안 지났는데 아이를 이미 다 파악하고, 1년 간의 목표를 먼저 묻는 선생님은 처음이었다. 그동안 개별화교육계획 Individual Education Plan, IEP은 나만 열심히 써가고, 특수학급, 통합학급에서의 목표는 형식적인 부분이 많았다. 그런데 선생님은 구체적인 목표를 함께 세우자고 한 것이다. 진정한 IEP였다.

주성이의 공개수업이 있던 날은 둘째의 공개수업과 겹쳐 할머니가 참석했다. 선생님께서 센스 있게 주성이 옆에서 코치도 해주시고, 수업이 아주 원활하게 진행되었다고 했다. 동생 수업이 끝나고 서둘러 선생님을 뵈러 갔더니, 공개수업에 대해 말씀하신다. "'좋은 말'을 쓰는 시간이 있었어요. 주성이가 고민하는 것 같아 옆을 지나면서 슬쩍 힌트를 줬어요. '사랑해요'라고요. 그런데 계속 생각을 하더라고요. 주성이가 쓴 좋은 말이 뭔지 아세요? '나는 행복해요'였어요!! 얼마나 감동을 받았는지 몰라요, 어머니!"

학급 활동 중에 주 3회 일기쓰기도 있었다. 국어, 수학 숙제는 못해도 일기는 정해진 대로 꼭 쓰는 것이 내가 생각하는 주성이의 학교 생활 목표였다. 선생님은 그날그날 일기의 주제를 주셨는데 주로 학교 생활이었다. 일기를 쓰기 전에 내가 먼저 그 주제에 대해 물어본다. 그러면 어법은 많이 틀리지만, 어쨌든 거기에 대해 이야기한다. 여기서 꼬리에 꼬리를 물고 계속 물어야 한다. 그때 기분은 어땠는지, 상황은 어땠는지, 스무고개처럼 묻는 것이다. 그 뒤에 짧은 문장으로 쪼개어 다시 말해주면서 받아쓰게 했다.

선생님께서는 주성이의 일기를 보시고 생각이 더 많아졌다고 하셨다. '일반 아이들도 이 정도 분량을 써오지 못하는 경우가 많은데 얼마나 열심히 한 걸까'라고. 한 친구가 체육시간에 대해 이렇게 써 왔다고 한다.

"나는 예전부터 주성이와 친해지고 싶었는데 그럴 기회가 없었다…. 오늘 체육시간에 주성이와 가위바위보를 했는데 주성이가 이겨서 주성이가 너무 좋아했다. 그런데 게임에서 지고도 내 기분도 좋은 것은 처음인 것 같다…"

"어머니, 이렇게 다른 아이들도 주성이 덕분에 중요한 것을 배우는 거예요." 선생님의 말씀을 듣고 나는 눈물을 글썽였다. 그런 이야기는 늘 엄마인 나의 주장이었지, 선생님께 먼저 듣기는 처음이었다. 4학년 내내 주성이는 학급의 일원으로 행복한 시간을 보냈다. 아래는 주성이의 '체육시간' 일기와 선생님의 답글이다.

> 2016년 3월 15일 화요일 날씨 맑음
> 제목: 체육시간
> 오늘 3교시는 체육시간이었다.
> 박OO 선생님께서 나를 위해 오셨다.
> 나리반에서 선생님을 보니까 나는 너무 좋았다.

우리반은 게임을 했다.

큰 동그라미를 운동장에 그리고

나랑 박OO 선생님이랑 원을 따라 돌아서

친구와 가위바위보를 했다.

나는 3번이나 이겼다.

나는 기분이 좋았지만 힘들었다.

알림장도 나는 매일 잘 쓴다.

나는 용기 있는 4학년이다.

나는 나리반 친구들과 선생님이 좋다.

주성이가 가위바위보를 세 번이나 이겨서

기분이 정말 좋았겠네요.

다음 체육시간에도 열심히 참여할 거죠?

학기 초 선생님께서는 주성이에게 미션을 종이에 적어주셨다. 주성이가 자랑스럽게 집에 가지고 와서 펼쳐 보인 쪽지에는 이렇게 적혀 있었다.

"성실이란 주성이가 우유 상자를 매일 갖다 놓는 것이다."

통합교육은
장애 학생에게만 좋을까?

어른들보다 아이들이 낫다

 4학년 6월 어느 날 학급 클래스팅(담임선생님이 알림장 등을 공지하는 앱)에 올라온 담임선생님의 글이다.

> 오늘은 만화 영화 주제가 가창 수행 평가가 있는 날!
> 나름대로 열심히 준비해 온 노래를 차례로 나와서 부르고, 열심히 하는 친구들을 향해 박수와 함성을 보내 주었습니다.
> 그러던 중, 평소에도 부끄러움이 많은 친구가 노래를 부를 차례가 되었습니다.
> 그 친구는 어찌할 바를 모르고 책상에 고개를 떨구고 있었습니다. 그때 누군가 말했습니다. "선생님, ○○이가 별자리 이야기 잘 불러요." 그 친구랑 짝이 되었을 때 옆에서 별자리 이야기 부르는 것을 들은 모양입니다.

또 다른 친구가 제안했습니다. "선생님, ○○이가 별자리 이야기 부르고, 우리들은 리코더 함께 불어줘요." 순식간에 아이들은 리코더를 꺼내고, 그 친구는 교탁 앞으로 나왔습니다.

처음에는 아이들이 리코더를 불자 그 친구는 노래를 부르긴 하는데 입 모양만 벙긋거리고 소리는 나오지 않았습니다.

다른 친구가 말했습니다. "부끄러운 모양이니 뒤돌아서서 리코더를 불어줘요." 아이들이 좋은 생각이라고 하면서 뒤돌아서서 리코더를 불기 시작했습니다.

그 친구가 드디어 소리 내어 별자리 이야기를 한 음 한 음 끝까지 불렀습니다. 앞에서 리코더 부는 친구들만 들을 수 있는 작은 목소리였지만, 그 소리를 듣는 친구들의 얼굴에도, 노래를 끝낸 친구의 얼굴에도 함박웃음이 드리워졌습니다.

용기를 내어 앞에서 노래를 부른 친구, 친구를 위한 마음으로 리코더를 연주해 준 우리 나리반 친구들 덕분에 저는 가슴이 뭉클했습니다. 오늘 가정에서도 우리 아이들 마음껏 칭찬해 주셨으면 합니다.

선생님 글에 등장한 수줍은 친구는 우리 주성이! 등교 전 아침 일찍 일어나 노래 연습도 많이 하고 갔는데, 아니나다를까 친구들 앞에서 노래 부를 용기는 나지 않았나 보다. 선생님께 전해 들은 친구들의 따뜻한 마음이 너무 고마웠다. 또 감사했던 것은 이 따뜻한 이야기를 나누고 싶어서 먼저 전화로 알리고 클래스팅에 올려도 될지 엄마 의견을 물어봐주신 담임선생님의 마음이었다.

 선진국에서는 어렸을 때부터 장애와 비장애 구분 없이 같은 공간에서 학습시키는 게 보통이다. 최대한 일찍 통합교육을 경험해야 한다는 것이 교육 전문가들의 공통된 의견이다. 이렇게 함께 교육받으면 비장애 학생이 장애 학생을 스스럼없이 대하게 된다. 소위 '접촉이론'이다. 접촉이론은 차이가 있는 사람들끼리 의미 있고 즐거운 상호작용을 빈번하게 주고받으면 태도가 변하는 경향이 있다고 설명한다. 비장애 학생과 장애 학생을 함께 교육하면 이해와 관용의 분위기가 조성된다. 이것이야말로 다양성, 유연성, 창의성이 필요한 시대를 살아가는 데 필요한 교육이 아닐까?

 장애와 비장애의 경계를 넘어 서로의 차이와 다름을 다채로움으로 온전히 이해하고 수용하는 마음, 세계시민으로 성장할 우리 아이들이 모두 이런 마음을 지닐 수 있는 사회 시스템을 마련해야 한다.

무릎 꿇는 부모가 될
용기는 없어서

실패한 '특수학급 만들기' 경험(1)

장애인 교육에 대한 우리 사회의 민낯을 보여준 사건, 일명 장애 학생 부모 '무릎 호소 사건'이 2017년 7월 저녁 뉴스를 도배했다.

그때 주성이는 초등학교 5학년이었다. 부끄럽게도 그때까지는 전국장애인부모연대 회원 가입과 회비 납부 정도로 장애 자녀 부모로서 최소한의 도리를 했다고 생각했다. 당연히 부모연대의 활동에 적극적으로 참여하지도 않았다. 대학 때 학생운동을 경험해보지 않았고, 보수적인 부모 밑에서 자라 투쟁, 연대라는 단어가 낯설었다. 내가 할 수 있는 일이 아니라고 생각했다. 굳이 이런 단체의 도움 없이도 우리 부부의 노력으로 주성이가 잘 크고 있었기에 정책의 중요성을 느끼지 못했을지도 모른다. 사실상 방관자요, 남이 어렵게 얻어낸 혜택을 누리기만 하는 비겁한 엄마였다.

그 뉴스는 주성이를 낳고 키우면서 가장 가슴 아프고 눈물나는 간접경험이었다. 우리 사회에서 장애인으로 살아가는 것이 얼마나 어려운지 비로소 절실하게 느껴졌다. 밤 늦도록 컴퓨터 앞에 앉아 내가 할 수 있는 게 무엇일까 생각했다. 그러다 결심했다. 아파트 단지 내 중학교에 특수학급을 신설해야겠다!

그렇지 않아도 주성이의 중학교 배정에 고민이 많았다. '어떻게 되겠지' 하고 있다가는 학교 배정이 어려울 수 있었다. 뉴스에 보도된 '특수학교'는 특수교육이 필요한 아이만 다니는 학교다. 비장애 어린이와 통합교육을 원한다면 특수학급이 있는 '일반학교'로 진학해야 한다. 그러나 모든 일반학교에 특수학급이 있는 것은 아니었다. 주성이도 단지 내 초등학교에 특수학급이 없어 옆 단지 학교까지 30분씩 걸어 다녔다. 그때는 학교에 특수학급을 만든다는 거창한 생각은 하지도 못했다.

5학년 1학기 때 교육청에 알아보니 중학교 사정은 초등학교보다 더 심각했다. 우리 단지에 중학교가 있었지만 특수학급이 없어 버스로 네 정류장 떨어진 중학교에 배정될 판이었다. 뉴스를 보기 전까지는 '어떡하지…' 생각만 하다가, 이젠 최선을 다해 특수학급을 신설해보겠노라 다짐했다.

투쟁을 모르는 초보 엄마는 무식했다. 우선 단지 내 중학교에 전화해 교장선생님 면담을 요청했다. '저희 아이가 장애가 있어요. 근거리 배정 원칙에 따르면 이 학교가 1순위라서 특수학급 신설을 상의드리려고 합니다.' 여러 번 전화했지만 교장선생님과 면담은커녕 통화도 어려웠다. 겨우 교감선생님과 통화가 되었다. '우리 학교는 초과밀 학급이라 특수학급 신설은 어렵습니다.' 교장 면담 거절 사유는 다양했다. 공립학교 교장이 이렇게 높은 분이구나!

약속을 안 잡아주니 등교 시간에 맞춰 학교에 찾아갔다. 무작정 교장실에 노크를 하고 들어갔다. "교장선생님, 여러 번 전화로 면담을 요청했는데 너무 통화가 어려워서 직접 찾아왔어요. 후년에 이 학교에 입학하고 싶은데요, 저희 아이가 장애가 있어서 특수학급이 필요합니다. 특수학급을 신설할 수 있는지 의논드리고 싶어요."

교장선생님은 무슨 잡상인이 무단으로 들어온 것처럼 나를 위아래로 훑어보더니 쫓아내려고 했다. "나가세요, 이렇게 무작정 찾아오면 어떡해요!"

"약속을 안 잡고 온 건 죄송한데요, 그럼 약속을 잡아주세요. 그러면 다시 오겠습니다."

"이 분 좀 내보내요. 이렇게 아무나 들어오게 하면 어떡해요!" 그는 옆방 문을 벌컥 열더니 내 팔을 잡고 행정실로 밀치고는 문을 쾅 닫아버렸다.

'아, 장애인 부모는 이런 취급을 받는구나…' 태어나서 처음 느낀 수치심, 모멸감이었다.

행정 직원들이 나를 설득했다. '학교란 곳이 절차가 있다… 작년에도 특수학급을 요청하신 분이 있었는데 결국 성사되지 못했다… 여기는 너무 과밀학급이라 장소가 없다… 그냥 돌아가시라…' 무릎 꿇은 엄마들이 떠올랐다. 이건 그들의 상처에 비할 바도 아니겠지. 무릎은 못 꿇지만 이건 해내겠노라 결심했다. 우선 교육자가 학부모를 대하는 무례한 태도, 신체적 접촉과 물리적인 힘을 가한 교장을 용서할 수 없었다. 교육청 신문고에 면담 거부와 신체적, 정신적 폭력 행사에 대한 민원을 접수했다.

논문 쓰듯 검색에 들어갔다. 학교 정보가 공시되는 학교 알리미 사이트에 들어가 주변 학교 현황을 분석하고, 지도에서 통학 거리를 비교해보니 한 가지 사실이 눈에 들어왔다. 우리 동네 아파트 네 곳을 둘러싸고 네 개의 중학교가 있는데, 유독 우리 단지 학교만 학급당 학생 수가 36명이었다. 다른 세 개 학교는 20여 명에 불과했다. 뭔가 이상했다. 옆 아파트 뒤쪽 단지 학생들은 다른 학교가 더 가까운데도 모두 우리 단지 학교로 배정되었다. 그 결과 근거리 배정이 원칙인 장애 학생이 버스를 타고 먼 학교로 가야 했다. 최근 몇 년간 장애 학생의 중학교 배정을 살펴보니, 우리 단지에 특수교육 대상 학생이 없는 것도 아니었다. 그런 학생은 매년 있었다. 그저 특수학급이 없어 먼 학교로 배정되거나, 특수교육을 받지 못하고 일반학급에 다니고 있었다.

지역 교육지원청에 민원을 넣었다. 장애 학생 배정의 불합리성으로 인한 교육권 박탈과 한 학교에 편중된 배정의 기이함을 설명하고 특수학급 신설을 요청했다. 담당 주무관의 전화 답변은 모호했다. '어쩔 수 없다… 그럴 만한 사정이 있다… 앞으로 개선하기는 할 거다…' 역시 만나주지도 않았다.

마지막으로 국가인권위원회에 차별 행위를 시정하라는 민원을 냈다. 인권위란 곳이 있는 줄은 알았지만, 뉴스에나 나오는 줄 알았지 내가 민원을 내게 될 줄이야! 서류를 접수하고 나오는데 오만가지 생각이 들었다. 빨리 직장에 돌아가야 했지만 눈앞에 십자가가 보여 무작정 다가갔다. 영락교회였다. 예배당에 앉아 있으니 눈물이 하염없이 흘렀다. 억울함, 서러움 때문이 아니었다. '그간 사회적 약자가 뭔지도 모르고 살았구나… 내가 겪은 일은 아무것도 아니겠지. 얼마나 많은 사람이 억울한 일을 겪을까… 나는 그래도 조금 더 배웠고, 안정된 직장과 환경이 있는데도 장애자녀 키우기가 어려운데 그렇지 못한 사람들은 얼마나 힘들까… 그동안 너무 편히 살았구나… 내가 없으면 우리 주성이는 이런 일을 얼마나 많이 겪을까…' 눈물은 그칠 줄 몰랐다.

부모라는 같은 이름,
다른 입장

실패한 '특수학급 만들기' 경험(2)

인권위에 진정을 접수하고 나서야 교육지원청이 움직였다. 먼저 주무관이 전화를 걸어 상황을 설명했다. 학교장의 의지가 제일 중요하다고 했다. 인권위에 민원을 접수하는 과정에서 비로소 깨달았다. 개인의 힘으로 조직을 상대하는 것은 '계란으로 바위 치기'였다. 지역 부모연대의 문을 두드렸다. 선례가 있는지, 어떻게 대응했는지, 결과는 어땠는지 알아보고 싶었다. 이야기를 들은 회장님과 임원진이 적극 돕기로 했다.

그해 10월 부모연대에서 중학교에 협의회 면담 신청을 했다. 몇 번을 전화하고 찾아가도 잡을 수 없었던 면담 일정이 부모연대에서 공문 한 장 보내자마자 잡혔다. 이해가 되지 않는 부분은 교장 등 학교 관리자만 만나는 것이 아니라, 학부모 임원들이 동석했다는 것이다. 일반적인 구성이 아니었다. 학교와 부모연대가 협의하는 게 아니라, 학부모와 부모연대가 대립하는 모양새였다. 특수학급 설치는 학교장의 의지가 제일 중요하다면서, 정작 교장은 말이 없었다. 학부모 임원들은 학교 공간이 너무 부족하다며, 특수학급을 개설하면 학급이 더욱 과밀해질 것을 걱정했다. 과밀학급 때문에 학교폭력이 심해지면 장애 학생에게도 좋지 않을 거라고도 했다. 학교 측에서는 열악한 상황과 과밀학급으로 인한 학생 관리의 어려움만 반복 강조했다.

나는 두 가지 중 하나를 허락해달라고 요구했다.

① 입학생 수를 12학급에서 11학급으로 줄이고 특수학급 신설
② 사비로 운동장에 컨테이너 교실을 만들 테니 특수교사는 학교에서 배치

학교장은 '사정이 딱하니 봐주고 싶지만 어쩔 수 없다'라는 입장이었다. 장애 학생의 교육이 딱해서 봐준다는 관점은 정말 놀라웠다. 1시간 동안 회의는 평행선을 달렸다. '특수학급을 만들 수 없다'는 것이 전제였으니 합의에 도달할 수 없는 것은 당연했다. 부모연대에서 '교장선생님이 특수학급 만들겠다고 선언만 하시면, 예산 및 행정 문제는 우리가 교육청과 협의하겠다'라고까지 했지만, 교장은 끝내 묵묵부답이었다.

협의회 마지막에 한 학부모가 발언했다. "교육청에서는 교장선생님의 의지만 있으면 된다고 하지만, 결국 다 교육청이 해결해야 하는 문제입니다. 학교의 체육관 급식실 공사도 학부모들이 정치인 만나서 예산을 확보했습니다. 두 가지 제안은 현실적이지 않습니다. 학급당 학생 수를 늘리는 것은 이미 수년간 해 온 일이라 더 이상은 안 됩니다. 이렇게 된 이유가 다 정치인들이 '100% 이 학교 배정'을 공약으로 내걸었기 때문이니 이제 와서 입학생 수를 줄일 수도 없습니다. 컨테이너 교실은 제도권 테두리를 벗어나는 이야기라서 어려울 것입니다. 나는 이렇게 제안하고 싶습니다. 급식실, 체육관 공사가 끝나면 비는 공간이 있을 테니, 그때를 기회로 특수학급 신설을 요구하고 예산을 확보하는 것입니다. 나도 장애 학생과 비장애 학생이 함께 교육받는 것이 우리가 선진국이 되는 길이라고 생각합니다. 장애 학생을 반대하는 것이 아니라, 현실적으로 문제를 해결할 필요가 있다는 것입니다."

나는 물었다. "공간만 확보되면 특수학급을 신설해주시겠습니까?" 교장은 그렇다고 대답했다. 결국 학부모 대 학부모 회의로 마무리가 되었다. 회의를 마치며 나는 학교와 학부모들께 이렇게 말했다. "학부모들까지 참여한 협의회는 이례적이라고 들었습니다. 그럼에도 저는 감사합니다.

이 기회를 통해 제가 사는 지역사회 다른 학부모님들과 의견을 나눌 수 있었기 때문입니다. 좋은 제안을 해 주신 것도 감사합니다. 저희 아이가 입학할 때, 특수학급이 신설될 수 있을지는 모르겠습니다. 그렇지만 먼저 걸어 가는 엄마로서 이렇게 문을 두드릴 수 있어서 감사하고, 앞으로 모두가 지혜롭게 상생할 수 있는 방법을 찾을 수 있도록 노력하겠습니다."

다음 순서로 부모연대는 교육지원청에 협의회 공문을 보냈다. 11월에 남편과 함께 교육지원청 중등교육장학사를 면담했다. 지역 부모연대 임원들께서 동석해주셨다. 교육지원청의 답변은 비슷했다. '공간이 없다, 시설이 열악하다, 이 학교만 과밀학급이라 교육청과 시의회에 계속 개선을 요구하고 있으나 개선되지 않고 있다…'

6,800여 세대의 옆 아파트에 더 가까운 중학교들이 있음에도 모든 학생이 이 학교로 배정되는 데는 정치적인 이유도 있다고 했다. 상대적으로 학군이 좋다는 우리 단지 중학교에 배정받기 위해 옆 아파트의 민원이 빗발치자, 구청장과 국회의원 선거에서 이를 공약으로 내세웠다. 교육청에서도 이런 외적 요인 때문에 쉽게 상황을 개선하지 못해 죄송하다고 했다. 그래서 학교와의 협의회에서 나온 이야기처럼 '급식실과 체육관 신축 공사가 끝나면 이후 특수학급

설치를 고려해 봐 달라'라고 요청했다.

그랬구나… 그제야 모든 것이 이해되었다. 결국 당장은 해결할 수 없다는 결론과 함께 이렇게 협의했다.

① 2년 후 입학 시 특수학급 개설은 어려우므로, 일반학급에 배치하고 사회복무요원을 배정
② 2년 후 교실 증축을 위한 예산 확보에 공동 노력
③ 교실이 증축되면 중학교 2학년 때는 특수학급 개설을 적극 추진

주성이의 중학교 문제로 신경을 쓴 6개월 남짓한 동안 몸과 마음이 많이 힘들었다. 사회의 벽은 생각보다 높았다. 개인적으로는 다 좋은 분들이지만 자식 문제에는 입장 차이가 분명했다. 인간의 기본권은 정치적 유불리에 좌우되었다. 협의회 결과에 대한 교육지원청의 공문을 받을 때쯤에는 더 이상 생각할 힘이 없었다. '할 만큼 했다'라는 자기 위안과 '내년에 어떻게 되겠지'라는 막연한 기대로 그 해를 마무리했다.

이듬해 가을, 특수교육 대상자 중학교 배정 신청 기간이 되었다. 작년에 협의회에 참석했던 교육지원청 주무관께서 전화를 하셨다.

"계속 ○○중학교 입학을 원하시나요? 원하시면 특수학급은 아직 안 생겼으니 일반학급에 배치하고 사회복무요원을 배정해야 해서요."

결정을 해야 했다. 특수학급 신설을 계속 밀어붙일 것인가? 그렇다면 주성이는 잠시라도 마음 편히 가 있을 수 있는 특수학급 없이 36명이 한 반인 일반학급에서 종일 생활해야 한다. 담임선생님이 학급에 상주하는 초등학교와 달리, 중학교는 과목마다 선생님이 다르므로 어려운 상황에 놓일 수 있다. 수준에 맞는 개별화 수업이 전혀 없으니 교육적 발전을 기대할 수 없다. 무엇보다 특수학급이 없는 학교는 대개 교사, 학생의 장애 이해도가 낮아 훨씬 큰 어려움을 겪을 수도 있다… 주성이를 걸고 도박을 할 수는 없었다.

"주무관님, 특수학급이 있는 먼 학교를 선택하겠습니다. 저희가 입학하는 것은 아니지만, 차후에 꼭 특수학급이 신설되도록 공간과 예산 확보에 노력해주세요."

6년이 지난 지금까지도 그 학교는 과밀학급이고 특수학급은 신설되지 않았다. 강서구 서진학교를 짓기 위해 무릎 꿇었던 부모들은 누구인가? 자기 자녀는 이미 성장해 그 학교에 다닐 수 없는 분들이었다. 그런데 나는 더이상 내 일이 아니라서 포기한 셈이다. 어떻게 해야 했을까? 주성이가 다른 학교를 다니더라도 그 학교의 특수학급 신설을 위해 계속 노력했어야 하나? 그러나 자신이 없다. '고작 그 정도 일로 나가 떨어지다니…'라고 생각하면 부끄럽지만, 그 6개월은 주성이를 낳았을 때만큼 힘들었다. 어쩌면 나는 특수학급 만들기에 '실패'한 것이 아니라 '포기'했는지 모르겠다.

나도
잘하는 것이 있어요

그림과 춤에 대한 행복한 도전

주성이는 여러가지 이유로 특수치료를 많이 못했다. 아니, 하지 않았다고 하는 편이 맞을지도 모르겠다. 가능하면 아이를 동네에서 키우고 싶었기 때문이다. 그러나 장애 어린이를 받는 사설학원은 많지 않았고, 특수교육 사설기관은 너무 비쌌으며, 정부 지원 기관은 대기가 너무 길었다. '동네에서 학원 보내기'를 시도해본 것은 어린이집에서 초등 저학년까지 미술학원 5년, 초등 입학 후 태권도학원 1년뿐이다. 피아노학원은 몇 군데 시도했지만 거절당했다. 미술학원은 원장님께서 주성이의 특별함을 귀히 생각하는 분이라 행복하게 다녔다. 태권도학원은 같은 학교 친구들을 사귀면 좋겠다는 마음으로 시작했지만 친구들 앞에서 부진한 동작을 보여주기 싫어하는 주성이가 좀 어려워했다.

초등학교 4학년 때 동생과 함께 동네 어린이 수영장에

등록했다. 수영학원에서는 이전에 장애 어린이를 받았다가 좀 안 좋은 일이 있었다고 처음에는 꺼렸지만, 수업에 방해되면 알아서 그만두겠다고 약속하고 동생도 보내자 머뭇거리며 받아주셨다. 오래 다니다보니 선생님도 여러 번 바뀌었고, 그때마다 주성이를 이해시키는 데 시간과 노력이 들었지만 매번 좋은 선생님을 만나 4~5년 후 모든 영법을 마스터할 수 있었다. 언젠가 샤워실에서 큰 일을 봤다고 전화가 왔다. 눈앞이 캄캄했다. '이제 잘리겠구나!' 그러나 아들 둘 키우신 남자 선생님은 대범했다. 막 웃으면서 '이런 일도 있네요.' 하고는 별 일 없이 지나갔다. 주성이의 흑역사이기에 부연하자면 이런 실수가 흔한 일은 아니다.

 학년이 올라갈수록 새로운 학원에 등록하기가 쉽지 않았다. 수준에 맞추려면 어린 친구들과 다녀야 하는데, 주성이가 자존심 때문에 거부했다. 또래가 다닐 만한 예체능 학원도 마땅치 않았다. 주성이의 성장을 위해, 직장맘인 엄마가 해 줄 수 없는 시간 채우기를 위해, 뭔가 새로운 시도가 필요했다. 다행히 초등학교 6학년 때 열심히 SNS를 뒤져 찾아낸 몇 가지 프로그램이 크게 도움이 되었다.

2018 잠실창작스튜디오 장애 어린이 창작 지원 '프로젝트 A'

종합운동장 안에 잠실창작스튜디오라는 곳이 있었다. 서울문화재단에서 장애인 예술 지원을 위해 설립한 시설로, 지금은 대학로로 옮기고 명칭도 서울장애예술창작센터로 바뀌었다. 매년 장애 어린이와 현직 화가를 매칭시켜 5~6개월간 개인지도를 받는 프로젝트가 있었다. 주성이는 집에서 픽셀 같은 그림을 좋아해 제법 그리기도 했지만, 누구에게 어떻게 그림을 배울 수 있을지 적극적으로 찾아보지는 못했다.

SNS에서 우연히 참여자 모집 공고를 보고 '이거다' 하는 생각에 응모했다. 간단한 면접을 통해 왕성한 작품활동을 하시는 라오미 선생님을 만났다. 그전까지 사인펜으로 그림을 그리던 주성이는 아크릴, 수채화 물감 등으로 캔버스에 그리는 법을 배웠다. 2주마다 선생님을 만나는 주말을 많이 기다리고 좋아했다. 장애 특성을 이해하고 지도해주는 분을 만난 축복받은 시간이었다. 마지막 전시회를 통해 성취감을 느꼈다. 요즘은 그림 그리기에 좀 소홀하지만, 다시 시작한다면 그때의 경험이 바탕이 될 것이다.

장애인 공동창작프로젝트 안은미의 1분 59초

미술 프로젝트가 끝날 무렵 또 다른 이벤트를 발견했다. 안은미 선생님의 '1분 59초' 프로젝트였다. 나는 몸치인 데다 춤에 문외한이라 어떤 분인지도 몰랐는데, 그해 특별히 장애인 대상으로 참가자를 모집한다고 했다. 몇 개월간 워크숍에 참석하면 본인의 춤으로 공연 무대에 설 수 있는 기회였다.

주성이는 5학년 때부터 춤에 관심을 보였다. 특히 가수 싸이의 엄청난 팬이었다. 매일 방과 후 유튜브를 틀어 놓고 한두 시간씩 땀을 뻘뻘 흘리며 싸이의 춤을 연습했다. 춤을 배운 적이 없는 주성이가 영상만 보고 따라 추는 것도 신기했지만, 2년 가까이 자기주도적으로 연습하는 것도 놀라웠다. 그때 모멘텀이 될 기회를 발견한 것이었다.

SNS로 문의했더니 청소년도 참여할 수 있다고 했다. 주성이 말고는 참여자가 모두 성인이었기에 춤과 인문학 워크숍은 주로 평일 밤에 열렸다. 워크숍 내용은 잘 알아듣지 못했지만, 그간 독학해왔던 주성이에게는 몸의 움직임을 새롭게 경험할 기회였다. 워크숍은 내게도 신선한 충격이었다. 퇴근 후 아이를 데리고 오느라 피곤했지만 안은미 컴퍼니 선생님들의 열정적인 분위기와 에너지로 회복되는 느낌이었다. 그 무렵 읽던 책의 한 구절을 SNS에 기록해 두었다.

"나와 다른 경험을 한 사람, 나와 다른 분야에 전문지식이 있는 사람, 나와 다른 관점에서 문제를 보는 사람들과의 지적인 대화를 즐기세요. 여러분의 인지적인 사고가 확장되는 경험을 하게 될 것입니다."

— 정재승, 《열두 발자국》, 어크로스, 2018

그러다 안은미 선생님이 얼마나 대단한 분인지 비로소 알게 되었다. 우연히 만난 무용 전공자가 교과서에 나오는 유명한 현대무용가라고 귀띔해주었다. 여러 나라에서의 공연 실황을 찾아보며 '세상에나…'를 연발했다.

"안은미의 대표 프로젝트 중 하나인 '1분 59초'는 "춤은 특별한 교육 없이도 스스로를 표현할 수 있는 언어"라고 했던 20세기 춤의 혁명가 피나 바우쉬의 예술 정신을 실현하고자 기획된 공연으로, 일반인들이 직접 1분 59초 동안 자신만의 무대를 만드는 기회를 제공한다." (출처 아트앤컬쳐, 안은미 '1분 59초 프로젝트-Let's make it honey!' 미디어 매핑 전시 개최)

안은미 컴퍼니 무용 선생님들은 워크숍 중 쉬는 시간에 싸이 노래를 틀어주고, 주성이가 춤을 추면 백댄서처럼 군무로 함께했다. 주성이가 무대의 주인공이 되어 행복해하는 모습은 지금도 잊을 수 없다.

이듬해 1월 18일, 주성이는 스스로 준비한 싸이댄스 1분 59초를 중구 CKL 스테이지에서 멋지게 공연했다. 그렇게 좋아하는 조명을 집중적으로 받았던 행복한 경험이었다. 또 한 단계 성장한 것이다.

퀀텀
점프

계단을 뛰어오르듯 다음 단계로 올라서다

　초등학교 6학년 여름 '프로젝트 A' 전시회와 '안은미의 1분 59초' 공연 이후 주성이는 정말 많이 달라졌다. 자신감이 넘치고 계단을 뛰어오르듯 다음 단계로 올라가는 퀀텀 점프를 하게 되었다.

　결국 주성이는 특수학급이 있는 중학교로 배정되었다. 버스 네 정류장 거리였다. 초등학교 고학년이 되어 비로소 혼자 등교할 수 있었는데, 출근시간 대에 버스를 타고 학교에 가려면 아무래도 장애인 활동보조사가 필요할 것 같았다. 장애인 활동지원 서비스는 장애 등급과 기능 평가에 따라 이용할 수 있는 시간이 정해져 있다. 주성이는 할머니가 도와주셔서 아직 이용한 적은 없지만, 많은 장애인 가정에 필수적인 서비스다. 대기도 길고 아이에게 맞는 활동보조사를 만나려면 여러 번의 면접이 필요했다.

　중학교는 버스를 타야 해서 활동보조 선생님이 같이 다

녀야 할 것 같다고 하자, 주성이가 거부했다. 연습해서 혼자 버스 타고 다니겠다는 것이었다. 초등학교 때 다른 장애 학생들의 활동보조 선생님을 봐왔기에 이해가 부족한 것은 아니었다. 그저 혼자 힘으로 학교에 다니고 싶었던 것이다. 주성이가 할 수 있을까? 등교시간이 출근시간과 겹치기 때문에 버스는 만원일 터였다. 그 즈음 교회 순장님과 통화하다가 고민을 털어 놓았다.

"집사님, 결국 주성이가 커서 사회에서 독립적으로 잘 다니고 역할을 하는 것이 목표잖아요. 그런데 중학교 때부터 버스를 타고 등하교를 하면, 그날이 더 빨리 올 수 있는 것 아닐까요?" 뒤통수를 맞은 느낌이었다. 그렇다! 작년에 그렇게 애를 썼지만 결국 실패하고 포기했던 경험을 통해 나도 더 단단해졌다. 주성이도 원치 않은 결과로 인해 오히려 자립 연습의 첫 발걸음을 뗄 수 있는 것 아닐까?

겨울 방학 주말에 남편과 번갈아 버스 타고 학교 오가는 연습을 시켰다. 주말과 평일의 교통 상황이 다르기에 평일에도 연습을 했다. 그리고 혼자 다녀와보라고 했다. 주성이는 금방 해냈다. 혼자 버스로 학교에 다닌다고 스스로 자랑스러워했다. '너도 혼자 다니고 싶었구나. 언제 이렇게 많이 컸니!' 벅차고 감사했다.

혼자 버스로 등하교하면서 몇 가지 사건이 있었다. 아무리 치밀한 엄마라도 표준 지침만 알려줄 수 있을 뿐, 실제로 겪는 다양한 상황을 모두 예측할 수는 없다. 결국 좌충우돌하며 스스로 알아가야 하는 것이다.

입학한 지 두어 달 지났을 때, 아이가 집에 와서 오늘은 정말 기분 좋은 날이라고 했다. "엄마, 버스에 사람이 너무 많아서 뒷문으로 갈 수가 없었어요. 그런데 앉아 있던 여자 분이 '앞으로 내려도 돼요.' 그래서 앞으로 내렸어요!" 주성이가 얼마나 놀라던지 정작 그 모습을 보고 내가 더 놀랐다. '그렇구나, 이런 것도 모를 수 있구나!' 그 사실을 알려 준 분께 마음으로 감사의 인사를 했다.

역시 1학기 봄, 하교한 주성이가 약간 짜증을 내며 전화했다. "엄마, 버스카드에 '잔액이 부족합니다'라고 소리가 나잖아요. 버스를 탔는데 그랬단 말이에요. 이러면 어떡해요?" 카드 채워 놓지 않았다고 엄마를 나무라는 느낌이랄까.

"그래서 어떻게 했어? 책가방에 천 원짜리 비상금 들어 있잖아. 그럴 때는 돈을 내야지."

"버스 아저씨가 '다음부터는 충전해서 다녀요.' 하셨어요."

아, 역시 우리나라는 아직 따뜻한 나라였다. 퇴근 후 나는 한걸음 더 나아가 주성이에게 버스카드 잔액 체크하는 앱을 깔고 확인하는 방법을 알려줬다. "네가 버스 타는데 얼마 남았는지는 네가 챙겨야지!" 다음 숙제는 편의점에 가서 충전하기 대사 연습을 시키는 것이었다. 가르침의 길이 끝도 없구나…

중2 어느 날, 하교 후 주성이가 전화했다.

"엄마, 오늘 버스카드를 두고 갔어요."

"어머, 그래서 어떻게 했어? 돈으로 내지 그랬어!"

"그런데 버스를 잘못 탔어요. 4318을 타야 하는데 다른 버스를 탔어요. 올림픽 공원에서 내렸는데, 거기서 다시 4318을 탔어요."

"아니, 그러면 카드 없는데 어떻게 했어?"

"아저씨가 다음부터는 카드 가지고 오라고 했어요."

"그럼 올 때는 어떻게 온 거야?"

이후 대답이 없다. 버스 기사 아저씨들께 인사를 엄청 잘 하고 다녀서, 언젠가 주성이랑 버스 탔을 때 아저씨와 인사를 주고받는 모습을 보았다. 아마 버스 아저씨들이 모두 주성이를 알고 계신 것은 아닐까? 그나저나 대단한 녀석, 결국 버스를 세 번이나 무임승차하다니! 어디 가도 굶어 죽지는 않겠다 싶었다.

DDP 무대에
서다

너의 열정을 칭찬해

2019년 주성이의 중학교 1학년 생활은 꿈만 같았다. 담임선생님부터 장애에 대한 이해가 깊으셨고, 특수학급은 두 반이나 되었으며, 특수학급 선생님들은 젊고 열정적이셨다. 오래전부터 특수학급이 있던 학교였기에 교과 선생님들도 장애 학생을 충분히 이해하고 계셨다. 주성이를 특수학급 없는 일반학교에 보냈으면 한 해가 어땠을까?

2학기 시작된 지 얼마 안 되어 '안은미의 1분 59초' 공연팀에서 반가운 연락을 받았다. 안은미 선생님이 SBS D포럼(SDF) 강연을 하시는데, 그때 안은미컴퍼니의 공연에 주성이가 찬조 출연할 수 있느냐는 것이었다. 장소는 DDP(동대문디자인플라자)였다. SBS D포럼은 SBS 방송국에서 사회 공헌을 목적으로 연중 운영하는 지식 나눔 비영리 프로젝트다. 국내외 유명 지식인이 강의하는 모습을 유튜브에서 본

적이 있었다. 그런 곳에 주성이가 출연한다고? 당연히 하고 싶다고 했다. 지난번 1분 59초 공연을 그대로 해주면 되고, 전날 리허설이 있다고 했다.

설레는 마음으로 리허설에 가보니, 과연! 화려한 조명이 쏟아지는 음악 프로그램 무대였다. 주성이가 얼마나 그런 분위기에서 춤추고 싶어 했던가! 이런 식으로 소원이 이루어지다니! 감사가 절로 나왔다.

2019년 SDF에는 아래와 같은 주제로 IT, 미디어, 문화, 예술 등 각 분야 리더 열여섯 분이 초대되었다.

변화의 시작, 이게 정말 내 생각일까?

듣고 싶은 것만 듣고, 보고 싶은 것만 보기 쉬운 현실에 '잠깐 멈춤' 신호를 켜보려 한다. 현재 폭발하는 사회 갈등에는 어떤 시대의 요구와 실체적 진실이 숨겨져 있는지 이제는 마주하고자 한다. 언론, 정치, 기업, 학교가 그리고 당신과 내가 어떻게 하면 서로 다른 목소리와 주장을 가지고도 싸우거나 등 돌리지 않고 같이 살아갈 수 있을지 여러 실험과 사례를 통해 찾아보려 한다. 변화는 늘 작은 질문에서부터 시작돼 왔다. 그리고 우리는 지금 변화를 위한 그 '질문'을 제기할 때이다.

— SDF2019 | 변화의 시작, 이게 정말 내 생각일까?

현대무용가 안은미 선생님은 '각자의 스텝, 각자의 댄스'라는 주제로 50분 강연을 맡으셨고, 주성이는 과거 선생님의 프로젝트 참여자 중 한 명으로 초대받은 것이었다. 2019년 10월 31일 공연 당일! 주성이는 기다리는 동안에도 전혀 떨지 않았다. 오히려 너무 좋아서 흥분해 있었다. 차례가 오자 씩씩하게 올라가서, 원래 무대가 일상인 사람처럼 열정적으로 춤을 추고 내려왔다. 무대 뒤로 내려온 주성이는 기뻐서 가슴이 터질 것 같아 보였다. 15년간 키우면서 처음 보는 황홀한 표정이었다.

1분 59초의 공연 동안 무대 뒤에서 주성이의 영상을 지켜보며 온갖 생각이 들었다. 아이가 태어났을 때, 커서 이런 경험을 하리라고는 손톱만큼도 생각하지 못했다. '이런 너를 엄마가 어떻게 도와줘야 할까? 이렇게 평생 행복하게 살려면 어떻게 해야 할까?' 이런 생각에 내 가슴 역시 터질 듯이 벅차올랐다.

SDF는 유튜브로 스트리밍되었다. 학급 친구들도 담임선생님과 함께 생방송을 지켜보았다. 그 덕에 주성이는 학교에서 '춤 좀 추는 아이', '연예인 같은 아이'로 확실한 캐릭터를 갖게 되었다. 학기말 수학여행에도 장기자랑에 참가해 친구들의 엄청난 환호와 박수를 받고 '인싸'가 될 수 있었다. 친구들 역시 장애가 있어도 이런 재능과 기회가 있을 수 있음을 이해했으리라. 대단한 무대에 서본 경험은 주성이의 중학교 생활에 큰 도움이 되었을 뿐 아니라, 자존감에도 엄청난 영향을 미쳤다. 평생 잊을 수 없는 한 해였다. (8분 48초 등장)

주성이 라이딩
프로젝트

다운증후군 아들을 둔 아빠의 인간승리

다운증후군이 있으면 두발자전거를 타기 힘들다. 주성이에게 자전거를 가르치기 시작하고도 한참 후에야 그 사실을 알았다. 보조바퀴를 떼면 왜 자전거를 못 타는지 도무지 이해할 수가 없었다. 어느 날 구글에 'Down syndrome bicycle'로 검색해 보니 온통 성인용 세발자전거만 뜨는 것이 아닌가! 이미지 속의 다운증후군 성인들은 하나같이 특수 제작된 세발자전거를 타고 있었다. 심지어 두발자전거를 타게 되었다고 지역 방송에서 나와 인터뷰를 한 경우도 있었다.

주성이는 여섯 살부터 보조바퀴 달린 두발자전거를 정말

- 2020년 가을, BBC는 미국 플로리다 출신의 크리스 니키가 다운증후군이 있는 사람으로는 처음 철인 3종경기를 완주했다고 보도했다. 3.84킬로미터 수영, 179.2킬로미터 자전거 타기, 49.195킬로미터 마라톤을 완주한 것이다. 인간의 능력을 쉽게 예측할 수는 없다. 다운증후군이 있는 사람도 마찬가지다.

신나게 탔다. 그런데 보조바퀴를 떼려고 조금만 올려도 겁을 내 도무지 진행이 안 되었다. 그게 쉬운 일이 아님을 안 후, 남편의 집념이 발동했다. 우리 부부는 자전거 타기를 좋아해서, 언젠가 네 식구가 함께 라이딩하는 데 대한 로망이 있기도 했다. 3학년부터 아빠의 '주성이 라이딩 프로젝트'가 시작되었다. 무려 아홉 단계에 걸친 길고 어려운 과정이었다.

① 자전거 보조바퀴 살짝 올리기: 이 방법은 아무리 해도 진행이 안 되어 킥보드 훈련으로 방향을 바꿨다.
② 어린이용 세발 킥보드 타기: '전 국민 아동 킥보드'라고 선전하는 마이크로는 너무 좋아해 닳도록 탔다.
③ 어린이용 두발 킥보드 타기 병행: 역시 곧잘 타고 다녔지만 아무래도 균형 잡기가 더 어려운지 가능하면 세발 킥보드를 타려고 했다.
④ 어린이용 두발 킥보드만 타기: 이때 네 살 차이인 동생이 두발자전거를 타기 시작했다. 아빠와 동생의 자전거를 킥보드로 쫓아오게 하자 점차 두발 킥보드만 타기 시작했지만, 그래도 자전거를 따라잡기엔 역부족이었다. 그때마다 수도 없이 설득했다. "그러니까 너도 자전거를 배워야지. 해보자, 응?"

⑤ **성인용 킥보드 타기**: 가족 모두 자전거를 타는데, 킥보드를 타고 따라다니다 보니 멀리 가기도 힘들고, 뒤처지는 데 대해 주성이 스스로도 문제의식을 느낀 것 같았다. 초등 5학년부터 성인용 킥보드에 도전했다. 정말 어려움이 많았다. 나 같으면 자전거 좀 못 타면 어떠냐고 포기했을 텐데, 주성이는 달랐다. 균형을 못 맞춰도 끊임없이 킥을 했다. 중심이 세 개인 킥보드의 기능을 이해하고, 킥한 발을 잽싸게 보드에 올려 쭉 나가기까지 2년이 걸렸다. 너무나 대견했지만, 조금 더 밀어붙여야 했다. 성인용 미니벨로를 사주었다.

⑥ **성인용 미니벨로 킥하며 연습하기**: 미니벨로는 일단 높지 않아서 거부감이 적었다. 의자를 아주 낮춰 페달이 아니라 두 발로 킥하며 끌고 다니게 했다. 두발 킥보드를 잘 타게 되자 균형 문제는 해결됐는데, 페달 밟기를 무서워하니 발 떼는 연습을 시켜야 했다. 아파트 우리 동을 여러 번 돌게 했다. 뒤에서 보면 정말 우스꽝스러운 모습이었다. 차차 뒤에서 잡아주면 페달을 밟으며 타게 되었는데, 절대 손은 못 놓게 했다.

⑦ **성인용 미니벨로 제대로 타기**: 드디어 중2 때 성인용 미니벨로 두발자전거를 스스로 탈 수 있게 됐다. 어느 날 갑자기 두 발로 페달을 굴리며 엄청 좋아하던 주성이의

모습을 잊을 수 없다. 우리 부부 역시 부둥켜안고 좋아했다.

⑧ **가족과 자전거 타기**: 이제 혼자 다니는 연습을 시켜야 했다. 무엇보다 교통안전이 중요했다. 가까운 거리를 가족과 함께 자전거를 타면서 교육시켰다. 횡단보도, 자전거길, 사람들 지나다닐 때의 안전규칙 등 일상에서 다양한 상황을 경험하게 했다.

⑨ **혼자 자전거 타기**: 어느 정도 안전하게 자전거를 타게 되자 중3 초반부터 혼자 가까운 곳을 다니게 했다. 특히 한강 자전거길을 목표로 여러 번 다녀오게 했다. 잠실~탄천을 시작으로 점차 거리를 늘려 갔다. 지금 주성이는 매주 토요일 오전 싸이클복을 입고 한강 자전거도로로 잠실~반포까지 다녀온다!

수영을 배운 것도 자전거를 타는 데 도움이 되었던 것 같다. 6년간 주 2회 수영을 다니며 모든 영법을 마스터하고 전신 근력이 좋아졌다. 싸이클복을 입고 선글라스 끼고 혼자 라이딩하고 오는 주성이를 보면 정말 행복하다. 자전거를 타게 되면 엄마 아빠랑 다닐 줄 알았는데, 착각이었다. 혼자만의 라이딩을 즐기는 녀석이었다. 유튜브에 올리려고 아빠가 영상을 찍던 날, 녀석은 멋

있게 보이려고 평상시와 다르게 허리를 꼿꼿하게 세우고 자전거를 탔다.

2023년 5월, 우리 부부의 로망이 제대로 이루어졌다. 서울자전거대항진 행사에 참가한 우리 가족 네 명은 잠실부터 상암월드컵경기장까지 왕복 54.1킬로미터를 자전거로 완주했다.

수학공부가 가능할까요?

끝없는 후퇴와 전진

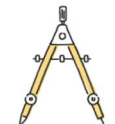 다운증후군 어린이는 다른 건강장애가 없으면 대개 지적장애인으로 분류한다. 지적장애는 성별, 연령, 사회문화적 배경이 같은 어린이에 비해 정신 능력이 전반적으로 낮고, 일상 적응 기능이 부족한 장애라고 할 수 있다. 정신의학과에서 진단 지침서로 사용되는 정신장애 진단 및 통계 편람 Diagnostic and Statistical Manual of Mental Disorders, 이하 DSM 제5판에서는 지적장애의 진단기준으로 다음 세 가지가 반드시 충족되어야 한다고 정의한다.

① **지적기능 부족**: 임상적 평가와 개별적으로 시행한 표준화된 지능검사로 확인된 지적 기능 부족(추론, 문제 해결, 계획, 추상적 사고, 판단, 교과목 학습, 경험 학습).
② **적응기능 부족**: 독립성과 사회적 책임 의식에 필요한 발달적·사회문화적 표준을 충족하지 못함. 지속적 지원 없이는

다양한 환경에서 한 가지 이상의 일상활동기능이 제한됨(의사소통, 사회적 참여, 독립적 생활).

③ **발달기**: 지적기능 부족과 적응기능 부족은 발달기 동안에 시작됨.

일반적으로 지적장애는 표준화된 지능검사에 의해 측정한 지능지수(IQ)가 70 이하인 경우로 정의하지만, 진단기준에서 보듯 지능만으로 진단하지는 않는다. 적응기능, 즉 얼마나 사회적이고 나이에 걸맞은 자기관리가 되는지도 중요하다. IQ 70인 사람이 IQ 60인 사람보다 사회적 판단, 사회적 이해, 적응능력이 반드시 더 좋다고는 할 수 없다. 지적장애를 진단하려면 지능검사와 사회성숙도 검사 역시 필요하다.

다운증후군 어린이에게 수학이 필요할까?

읽기와 쓰기가 가능하다면 능력에 맞는 수학 공부도 필요하다. 수의 개념과 적용은 지적 기능 중에서도 가장 어려운 추상적 사고, 추론, 문제 해결과 밀접하게 관련되므로 쉽지는 않다. 그럼에도 수의 개념은 훗날 독립적인 일상생활을 하기 위해 반드시 필요하다.

물론 계산이야 계산기로 하면 되고, 물건을 살 때도 바코

드로 계산이 가능하다. 하지만 현금을 써야 할 때도 있고, 약속을 했다면 준비 시간을 감안해 언제 출발할지 정해야 한다. 키오스크에서 주문을 해도 자기 번호를 확인하고 찾을 수 있어야 한다. 숫자 세는 법, 시간, 거리, 곱셈, 나눗셈 정도는 일상생활에 필수적이다. 머리는 계속 써야 발전한다. 수학을 통해 논리적 능력을 기를 수 있다면 더할 나위 없다. 지적장애 어린이가 논리적 추론 능력을 기를 수 있을까? 경험적으로 아이의 상황에 따라 일부는 가능하다고 본다.

다운증후군 어린이는 수학적 개념을 어디까지 배울 수 있고, 가르쳐야 할까?

'아이에게 맞게'가 정답일 것이다. 아이들마다 능력 차이가 크기 때문이다. 실제로 학령 전 어린이에게 부모가 긴 시간을 할애해 숫자를 가르치지만 1~10까지 정확한 개념을 이해하는 데는 상당한 시간이 필요할 수 있다. 개념을 습득한 것 같아도 막상 더하기 단계로 넘어가면 그 개념을 적용하지 못하는 수도 많다.

주성이는 초등학교 3학년 교과 과정인 두 자리 수 곱하기를 중학교 1학년 때 시작했다. 곱하기는 잘했는데, 정확히 말하면 추상적인 개념 없이 기술적인 요령만 습득한 것 같았다. 중학교 졸업 때까지도 중간 숫자를 가리면 추론하지 못했다. 신기한 것은 꾸준히 노력하자 이 능력도 향상되었다는 것이다. 어느 날 갑자기 곱하기에서 가려진 숫자를 추론했다. 그 뒤로 새로운 문제를 풀 때마다 너무 기뻐하고 자신감이 뿜뿜 넘쳤다.

고1 겨울, 장애 재진단을 받기 위해 시행한 검사에서 지능검사 결과는 IQ 52, 사회성숙도 검사 결과는 12세 정도가 나왔다. 다운증후군이 있는 사람으로서는 좋은 편이다. 언제까지, 몇 학년 수준까지 할 수 있을지는 모르지만 아직은 엄마와 틈날 때마다 조금씩 공부한다.

다운증후군 어린이를 가르칠 때 특별히 유념해야 할 점은 무엇일까?

아이마다 다르겠지만, 주성이는 모르는 문제가 나오면 쉽게 포기한다. 멍하니 있으면서 대답도 안 하고 고집을 피운다. 이때 반복해서 설명하려면 내 목소리도, 태도도 열이 오르기 시작한다. 이럴 때는 더 진행하면 안 된다. 또한 끝내면서 아이에게 부정적인 말을 하면 안 된다(고백하건대 나도 걸핏하면 부정적인 말을 했다). 이해가 안 될 때 혼나면서 공부를 마치면, 공부라는 것이 '부정적인 경험'으로 인식되기 때문이다. 안 될 때는 하루든 일주일이든 중단했다가 다시 시작해 본다.

한 번에 한 과목씩 공부하되, 30분을 넘기지 않는다. 보통 20분 정도가 기분 좋게 집중할 수 있는 시간인 것 같다. 꼭 기억할 점은 오늘 잘 이해했던 부분도 다음에는 이해하지 못하는 경우가 자주 있다는 것이다. 후퇴와 전진이 여러 번 반복될 수 있다. 가르치는 사람은 좌절한다. 그만두고 싶다. 그렇지만 후퇴와 전진을 거듭하면서 분명 달팽이처럼 조금씩 앞으로 나아간다. 비스듬한 오르막길이 아니라 계단식으로 성장하는 것이다. 이 점을 명심하고 마음에 참을 인(忍) 자를 300번쯤 새기면(3만 번처럼 느껴질 것이다!) 비장애 어린이에게서는 느끼지 못할 큰 기쁨을 느끼게 된다.

마지막으로 비교는 금물이다! 같은 다운증후군이라도 아이들은 각자 고유한 장점과 재능이 있다. 어떤 아이는 숫자 개념을 특히 어려워한다. 이때 다른 아이와 내 아이를 비교하면 모든 가족이 불행해진다. 길게 내다보고 아이에게 맞는 개별화된 계획을 세워야 한다. 그래야 장애 가족에게 너무나 귀중한 '소소한 행복'을 찾을 수 있다.

강남 일대를
헤매다

너무 긴 방학을 보내기 위한 방법

장애 어린이에겐 방학이 너무나 길다. 다른 중고생처럼 학원으로 빡빡하게 돌릴 수도 없으니, 직장맘은 난감하기만 하다. 그래서 방학이면 복지관 계절학교를 신청한다. 선착순이라 알람까지 설정해 두고 땡! 하면 얼른 온라인 접수를 한다. 고1 겨울방학, 집이 2호선 라인이기에 주로 주성이가 이용하기 쉬운 2호선 지하철역 근처로 검색했다. 운 좋게 이번 방학에는 두 곳을 예약할 수 있었다.

이번 주는 강남역 A복지관 프로그램이다. 지난 주 저녁에 함께 전철 타고 상담을 다녀왔다. 월요일 아침은 차로 데려다 주고 출근했지만 올 때는 혼자 전철로 집에 잘 왔길래 화요일 아침은 혼자 보냈다. '강남역 10번 출구에서 직진 → 올리브 영에서 우회전 → 끝까지 직진'을 다시 한번 확인하고, 9시 도착 예정으로 8시 20분에 출발했다. 당연히 잘 도착할 것으로 생각하고 일하다 보니 확인 전화를 놓쳤다.

9시 50분, 복지관에서 전화가 왔다. 프로그램 시작하려는데 오늘 늦으시냐고… 너무 늦게 전화 주신 것에 잠시 화가 나려고 했지만, 심호흡을 했다. 9시부터 만남의 시간이고 10시부터 본격적인 프로그램 시작이니 누굴 탓하랴, 내 책임이지. 주성이에게 전화했다. 왜 아직 도착 안 했냐고 하니 지금 찾아가고 있단다. 느낌이 싸하다. "어디 있니?" 횡설수설한다. 주변 사진을 찍어 보내라고 하니 그곳은 논현역! 강남역에서 논현역까지 직진하면 21분 거리인데 1시간 넘게 돌아다닌 걸 보면 강남 일대를 헤맸나 보다. 길을 잃어서 네이버 지도를 보며 찾고 있다고 한다. 영하 10도의 추운 날씨에 1시간 넘게 길을 헤매다니… 너무 속상했다.

1차로 엄마한테 왜 전화 안 했냐고 화를 내고, '워워' 급히 마음을 다스리며 2차로 공감과 위로 모드로 바꿨다. 일단 어디 있는지 정확히 알아야 한다. '어떻게 복지관으로 보낸담…' 머릿속이 복잡하다. "주변에 택시가 있니?" 있단다. "그러면 택시를 잡아봐!" 그러나 명확하게 의사소통이 안 된다.

"택시 있어요."

"그럼 탈 수 있어? 가서 타봐…"

"못 타요."

정차된 택시가 아니라 달리는 택시인가 보다. 이 방법은 안 되겠다. 경찰서에 연락해서 데려다 달라고 할까? 그때 번뜩이는 아이디어, 카카오택시! 우선 영상 통화로 정확한 위치를 확인하고 뒤에 보이는 약국을 출발지로 설정했다. 카카오택시를 불러 주성이와 통화하며 탑승을 확인했다. 기사님께 잘 부탁드린다는 말씀을 전하고 이동 경로를 확인했다. 무사히 복지관에 도착했다! 안전하고 좋은 우리나라 만세, 카카오택시 만세!

집에 와서 어찌된 일이었는지 물어봤다. 문제의 발단은 10번 출구로 나갔어야 하는데 11번 출구로 나간 것이었다. (아마 주변 가게의) 직원 분에게 물어봤는데 길을 건너야 한다고 해서 길을 건넜고… 거기서부터 일이 꼬였다. 다시 지하도로 돌아가 10번 출구를 찾았으면 되었을 텐데, 지상에서 길을 건너다보니 초기 세팅이 달라 안드로메다로 간 것이다. 그날 이후 주성이는 정신을 똑바로 차리고 수요일부터 금요일까지 혼자서 잘 다녔다. 그렇게 또 한걸음, 성장한다.

제 아이 좀
연구해 주세요

다운증후군을 가진 사람에 대한 연구

다운증후군을 가진 사람의 건강관리와 삶의 질 증진을 위해 의료인은 어떻게 해야 할까? 미국소아과학회 등에서 주기적으로 가이드라인을 제시한다. 선천성 심장병, 청력 문제, 시력 문제, 갑상선 기능저하증 등은 오래 전부터 다운증후군 어린이에게 중요한 건강 문제여서 어느 나라든 비슷하게 치료 및 관리한다.

2010년대 이후로는 수면 문제가 주목받는다. '수면의 질'에 관심을 갖기 시작한 것은 비장애인에게도 그리 오래 되지 않았으니, 더 심각한 문제를 안고 사는 장애인의 수면 문제가 이제야 관심받는다고 해서 이상할 것은 없다. 다운증후군을 가진 사람의 약 65%가 수면장애를 겪는다. '수면 무호흡증'이 대표적이다. 연구에 따라 조금씩 다르지만 50~79%가 경험한다. 수면 무호흡증 등의 수면장애는 일상생활에 부정적인 영향을 미치고 결국 삶의 질을 저하시킨다. 미국소아과학회 가이드라인에서는 다운증후군 어린이가 3~5세가 되면 수면다원검사를 권고한다. 내 생각에 수면 무호흡증이 평생 지속된다면 뇌에도 부정적인 변화를 주지 않을까 싶다.

국내에서는 다운증후군을 가진 사람의 수면문제에 관심이 매우 부족하다. 국내 연구가 전무해, 2017년 남편과 함께 다운증후군 어린이의 부모를 대상으로 자녀의 수면문제와 부모의 삶의 질에 대한 연구를 수행했다. 부모의 응답으로 평가한 결과, 4~17세 어린이와 청소년 88명 중 83%가 유의한 수면문제를 겪고 있었다. 수면다원검사를 통한 정확한 진단은 아니었지만, 생각보다 많은 어린이가 수면문제를 겪는 것은 분명했다.

주성이가 걱정되어 소아신경과 진료를 봤다. 교수님께 내가 쓴 논문을 보여드리며 수면다원검사를 받아보고 싶다고 했다. "왜 보험도 안 되는 비싼 검사를 굳이 하려고 하세요? 수면 무호흡증이 있다 해도 일차 치료법은 양압기인데 아이가 할 수 있을까요?" 상태를 알고 싶다고, 꼭 검사를 받겠다고 했다. 유난스러운 엄마가 된 기분이었다.

결과는 충격적이었다. 주성이는 심한 수면 무호흡증을 겪고 있었다. 그동안 얼마나 힘들었을까? 자고 일어나도 개운치 않았을 것이다. 너무 미안했다. 어떻게 치료할지 결정해야 했다. 양압기를 잘할 수 있을지는 해봐야 알 것이었다. 어른 중에도 개운하게 잔다고 행복해하는 사람도 있지만, 불편하다는 사람도 있다. 언제까지라는 기약도 없이 매일 밤 양압기를 한 채 재우기도 부담스러웠다.

그러다 치아교정 방법 중 하나인 급속상악확장술에 생각이 미쳤다. 남편은 주성이가 어렸을 때 이 방법에 관한 논문을 찾아보곤 했다. 그때는 수면 무호흡증 때문이 아니라, 입천장이 마치 홈이 파인 것처럼 좁고 높아 식사를 하고 나면 밥이 한 숟가락씩 남아 있었기 때문이다. 이런 일이 반복되면 호흡, 발음, 구강 위생에 문제가 생길 수 있다.

주성이가 어렸을 때는 국내에서 급속상악확장술을 쓰는 병원이 거의 없었는데, 10여 년이 지나자 일반 교정뿐 아니라, 수면 무호흡증 치료에도 사용되었다. 치과병원 교정과에서 상담을 받았다. 주성이 같은 아이를 잘 이해하는 교수님이 계셨다. 교정이 가능하다고 하셔서 중2 때 급속상악확장술을 시작했다. 1년 후 기대한 대로 입천장이 조금 넓어졌다. 엑스선 촬영 결과 목 부분의 기도도 약간 넓어진 것을 확인할 수 있었다.

교정 결과가 좋게 나오자 다시 수면 상태가 궁금했다. 교정 후에도 수면 무호흡증이 지속된다면 양압기를 고려해야 했다. 두 번째 수면다원검사 결과는 놀랍게도 정상이었다.

수면 무호흡증이 없어진 것이다. 찾아보니 전 세계적으로도 이런 증례가 거의 보고되지 않았다. 교정과 교수님께 메일을 드렸다. "주성이의 교정 전후 결과로 증례 보고 논문 좀 써주세요." 흔쾌히 수락하셔서 교수님의 팀과 함께 주성이의 증례를 국외 저널에 출판할 수 있었다.

주성이 문제가 해결되었으니 만족이지만, 유난스러운 엄마가 될 수밖에 없었던 이유가 또 있다. 다운증후군을 가진 사람도 적극적으로 치료하면 좋은 결과를 얻을 수 있다는 논문이 나와야 의료인들이 관심을 갖고, 보호자들에게도 설명할 수 있기 때문이다.

주성이를 키워보니 건강 문제와 발달에 집중적인 관심을 갖는 어린 시절을 지나면, 다른 아이들 키우는 것과 똑같은 욕구가 생긴다. 내 아이가 더 나은 삶을 살게 하고 싶다는 것이다. 아직까지는 이런 부모의 바람을 다소 과한 욕심으로 보는 의료인도 많다. '그렇게까지 할 필요가 있나요? 이 정도면 괜찮지 않나요?' 하지만 아이라서, 스스로 정확히 표현하지 못해서 불편을 감내하고 살아야 할까? 내 문제라면, 장애가 없는 다른 자녀의 문제라면 어떨까?

의료인, 연구자들이 다운증후군에 관심을 가졌으면 좋겠다. 다운증후군을 가진 사람에 대한 연구가 많이 나왔으면 좋겠다. 그래야 이들의 삶이 더 나아질 수 있다.

틀림도 다름도 아닌,
다채로운 세상을 위해

피플퍼스트 언어(people-first language)

 "I wanna be known to people first. (나는 우선 사람으로 알려지길 원한다.)"

1974년 미국 오리건주에서 열린 자기권리주장대회에서 한 발달장애인은 이렇게 말했다. 장애인이라 불리기 전에 우선 사람으로 존재하길 원한다는 의미를 담은 '피플퍼스트'는 발달장애인 자기옹호 운동을 칭하는 대명사가 됐다.

— 비마이너, 2017

아직도 우리나라 뉴스에는 이런 표현이 나온다. '다운증후군을 앓고 있는', '다운증후군으로 치료 중인', '다운증후군 환자'

다운증후군은 질병일까? 다운증후군을 가지고 있으면 환자일까? 다운증후군은 치료가 가능한가? 주성이는 가족 중 누구보다도 건강해 잔병치레 없이 자랐다. 그래도 환자일까?

그렇지 않다. 다운증후군은 21번 염색체가 세 개인 '상태'다(다른 유형도 5% 정도 존재한다). 다운증후군은 여러가지 건강문제를 동반할 수 있지만, 계속 치료가 필요한 '질병'은 아니다. 치료가 불가능한, 평생 동반해 살아야 하는 '상황'이다. 그래서 영어로는 다운증후군을 특별한 상태(special condition)라고도 표현한다.

사실 오랫동안 국외 학술지에서도 질병이나 장애가 있는 환자를 백혈병 환자(leukemia patient), 다운증후군 환자(Down syndrome patient)라고 표현했다. 국내에는 아직도 이렇게 쓰는 경우가 많다. 하지만 2000년 전후로 많은 국외 학술지에 'patient with leukemia', 'patient with Down syndrome' 등의 표기가 등장했다. 논문 작성 형식 기준을 제시하는 미국 심리학회 가이드라인 2017년 개정7판에서도 이런 피플퍼스트 언어(people-first language)를 사용하도록 권고했다. 이제는 질병이나 장애를 가진 사람을 질병도, 환자도 아닌 사람을 강조하는 언어로 표현(children with leukemia, people with Down syndrom)하는 것이 보편화되었다.

왜 그래야 할까? 중복과 긴 표현을 싫어하는 영어에서 왜 이렇게 길고 불편하게 표현하려는 것일까? 언어는 생각을 만들고, 생각은 문화를 만들기 때문이다. 그래서 질병보다 사람을 우선하고, 환자 대신 인간임을 강조하려는 것이다. 장애는 그 사람의 전부가 아니다. 장애는 하나의 특성일 뿐이다.

주성이는 그림을 잘 그리고, 에스파라는 걸그룹을 좋아하며, 춤추기를 즐긴다. 그리고, 다운증후군이라는 특성이 있다. 다운증후군 자녀를 키울 때 매일 장애를 생각해 가며 키우는 부모는 없다. 그냥 온전히 '내 아이'로 바라볼 뿐이다.

내 박사학위 논문의 제목은 '다운증후군을 가진 자녀를 둔 부모의 가족극복력'이었다. 논문심사 과정에서 부심 교수님들은 왜 이렇게 제목이 기냐고 나무라셨다. 굳이 '가진'이라는 표현을 쓴 이유를 말씀드린 후에야 동의를 받을 수 있었다.

그럼에도 나 역시 다운증후군을 '가진'이란 표현이 완전히 맘에 드는 것은 아니다. 영어와 달리 우리말에는 'with'를 살릴 만한 표현이 마땅치 않다. 이 책을 편집하는 과정에서도 꿈꿀자유 강병철 선생님과 상의했었다. 다운증후군을 가진 아동, 다운증후군이 있는 아동? 강 선생님의 의견에 따르면 'with'는 '가진'보다 '있는'이라고 옮기는 편이 더 적절하지만, 뒤에 아동, 가족 등이 붙으면 읽기 어렵다는 문제가 있다. 부정적인 의도가 아니며 가독성을 고려해 우리 책에서는 '다운증후군 아동(어린이)'라고 쓰기로 했다.

그렇다. 모든 언어는 다르며 우리말에서는 '사람'을 먼저 써서 강조할 방법이 없다. 그러나 이런 생각과 논의가 계속되었으면 좋겠다. 그래야 장애를 그저 한 사람의 특성으로 생각하는 사회가 좀 더 빨리 올 수 있지 않을까 하는 바람 때문이다.

어쩌면 그런 날이 생각보다 빨리 올지도 모른다. 《트렌드 코리아 2023》(2022, 미래의창)에서 예측한 2023년의 첫 번째 트렌드는 '평균 실종'이었다.

"개인의 삶만이 아니다. 이제까지 평균으로 표현할 수 있었던 무난한 상품, 보통의 의견, 정상의 기준이 흔들리고 있다. (중략) 정상과 비정상으로 구분됐던 것이 '틀림'이 아니라 '다름'으로 규정되고, 세상을 바라보는 다양성의 가치가 제각각 인정받으면서 평균적인 생각은 점차 설자리를 잃고 있다."

이 부분을 읽으면서 기뻤다. '평균이 실종된다면 장애도 "틀림"이 아니라 "다름"으로 규정되는 세상이 오겠구나!' 그런데 이보다 더 울림 있는 장면을 접했다. 2023년 백상예술대상에서 〈이상한 변호사 우영우〉로 TV부문 대상을 받은 박은빈 배우의 수상 소감이었다.

"(중략) 세상을 바꾸는 데 한몫하겠다는 그런 거창한 꿈은 없었지만 이 작품을 하면서 적어도 이전보다 친절한 마음을 품을 수 있기를, 또 전보다 각자 가지고 있는 고유의 특성들을 '다름'이 아닌 '다채로움'으로 인식할 수 있도록 바라면서 연기했었는데요, 그 발걸음에 한 발 한 발 같이 관심 가져주시고 행해주셔서 감사합니다."

그의 수상소감은 600만 뷰 이상을 기록하며 화제가 되었다. 엄마인 나조차 아이의 장애를 그저 '틀림'이 아니라 '다름'으로 생각해주면 좋겠다고 바랐는데, 연기자인 그는 한 발 더 나아간 것이다. 장애를 개인의 고유한 특성으로 생각하고 이들로 인해 다채로운 사회가 되기를 바라는 그에게 진심으로 감사하며 앞으로의 연기가 더 빛나기를 기대한다.

아빠 마음은 엄마 마음과 같을까?

아빠의 적응 과정

2008년 박사학위 논문을 쓰던 시절, 논문을 읽다가 재미있는 그래프를 발견했다. 장애 자녀를 둔 아빠와 엄마의 적응 과정이 어떻게 다른지 직관적으로 보여주는 그래프다. 풀어서 설명하면 이렇다.

그토록 기다리던 아이가 태어났을 때 아빠와 엄마는 정

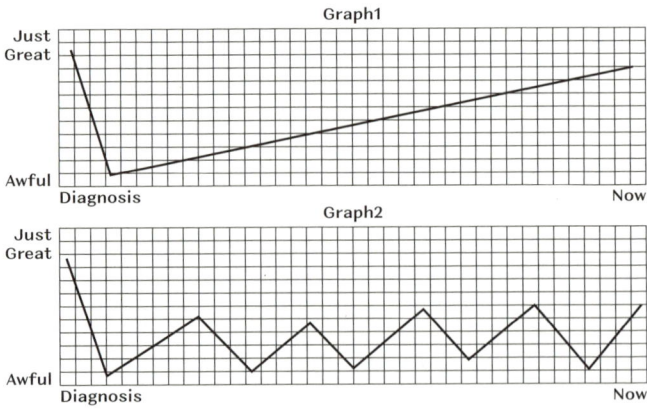

Self-reported Adjustment, Chronic Sorrow, and Coping (Damrosch & Perry, 1989)

말 행복하다. 그러나 아이가 장애 진단을 받는 순간, 행복감은 나락으로 떨어진다. 상상도 못한 일이다. 평생 장애라는 어려움을 갖고 살아갈 아이를 생각하면 너무 슬프다. 이런 일이 일어났음을 받아들일 수 없다. 이후 반응은 흥미롭다. 위쪽은 아빠의 적응 과정 그래프다. 바닥을 친 후, 서서히 상승한다. 점차 아이를 받아들이고 다시 기쁨을 느낀다. 반면 엄마의 적응 과정은 상승과 하강을 반복한다. 이런 엄마의 마음 변화는 간호사로 일할 때도 쉽게 관찰할 수 있었고, 주성이를 키우면서 직접 경험하기도 했다.

'내가 엄마인데 잘 키워야지. 아무리 힘들어도 난 할 수 있어!' 마음을 다잡고 아이를 보면 너무 예쁘고 잘해 나갈 수 있을 것 같다. 그러다 같은 또래의 친구 아이를 만난다. 내 아이보다 발달이 훨씬 앞선 것을 보면 상실감을 느끼며 나락으로 떨어진다. 다시 아이를 보며 용기를 낸다. 며칠 후, 전철을 탔는데 사람들이 아이를 이상하다는 듯 힐끔힐끔 쳐다본다. 다시 끝 모를 우울감에 빠진다.

병원에서 보면 어제까지 씩씩하고 밝은 모습으로 아이를 돌보던 엄마가, 오늘은 커튼을 끝까지 치고 의욕 없이 아이 옆에 누워 있다. 이렇게 병원이나 지역사회에서 건강 문제를 겪는 아이의 부모를 만날 때, 우리는 그때그때 이들의 자신감과 희망이 달라질 수 있음을 알아야 한다. 남성과 여성의 차이일 수도 있고, 아직까지 건강 문제를 겪는 아이의 주양육자가 대부분 엄마이기 때문일 수도 있을 것이다.

아빠의 적응 과정도 살펴볼 필요가 있다. 아빠들이 자녀의 건강 문제에 어떻게 적응하는지에 대해서는 아직까지 국내외 연구가 매우 부족하다. 1990년부터 2022년까지 출판된 국내외 논문 12편을 체계적으로 분석한 연구에 따르면 아빠의 적응 과정은 엄마와 다소 다르다. 엄마와 달리 아빠는 지인들에게 감정을 쉽게 털어놓지 못하는 경향이 있으며, 심지어 배우자에게도 부담을 주고 싶지 않아 감정을 드러내지 않는다. 또한 아빠는 자녀의 진단 직후 큰 충격을 받지만, 감정에 사로잡히기보다 어떻게 대처해야 할지에 초점을 두고, 배우자를 먼저 걱정한다.

그러나 역시 비장애 자녀의 아빠보다 우울과 사회적 고립을 호소하는 경향이 높다. 건강 문제를 겪는 자녀를 둔 아빠는 다양한 역할을 수행하고 가족을 지원하는데, 재정적 부담은 공통적으로 호소하는 부분이다. 자녀를 돌보기 위해 주로 엄마가 경제활동을 중단해 가정의 수입이 줄고, 자녀의 병원비는 늘기 때문에 아빠들은 여러 직업을 갖기도 하고, 스트레스와 피로감에 시달린다. 자녀가 입원한다면 아빠는 직장에서 경제적인 역할을 수행할 뿐 아니라 가정에 남겨진 다른 자녀를 돌보고 병원을 방문하는 등 다양한 책임을 지며, 그 과정에서 생산성이 저하되고 직업을 유지하기 힘든 상황을 맞기도 한다.

역설적이지만 직장은 아빠의 적응에 주요한 지지 기반이며 대처 기전이다. 업무 중 자녀에 대한 생각을 하지 않을 때 죄책감을 느끼기도 하지만, 직장 동료들과 일상적인 대화를 하며 이를 재충전의 기회로 삼는다. 특히 실직 걱정 없이 휴가를 낼 수 있고 근무 방식을 유연하게 조정할 수 있는 직장은 아빠의 적응에 긍정적인 영향을 미친다.

이처럼 아빠와 엄마의 적응 과정은 크게 다르다. 일반적으로 주 돌봄제공자인 엄마가 더 큰 스트레스를 경험하고 신체적, 사회적인 어려움이 있다고 할 수 있지만, 아빠도 나름의 어려움이 있다. 주변에서 이런 차이를 이해하고 아빠와 엄마가 모두 잘 적응하도록 도와줄 필요가 있다.

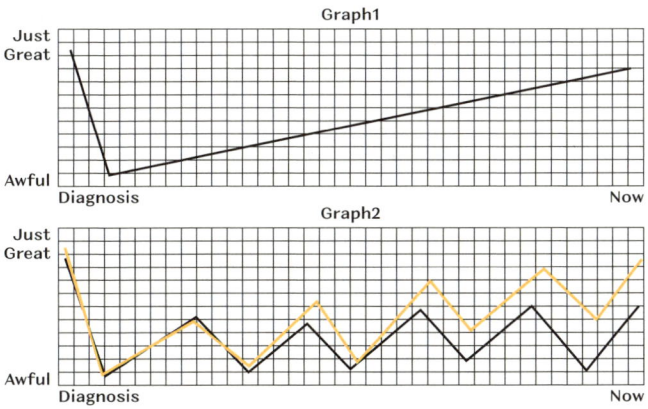

오래전 논문의 그래프를 나는 조금 수정하고 싶다. 저자의 실수였는지 몰라도, 그래프의 오른쪽 끝에서 아빠는 매우 기쁜 처음 상태로 회복되지만, 엄마는 처음 상태로 회복되지 못한다. 나는 동의하지 않는다. 엄마의 그래프를 다시 그려주고 싶다. 결국 엄마도 아이를 수용하고 그 삶에 적응하면서 처음의 기쁨을 다시 느낄 수 있다고 생각한다.

다운증후군을
처음 보는데

장애이해교육의 한계

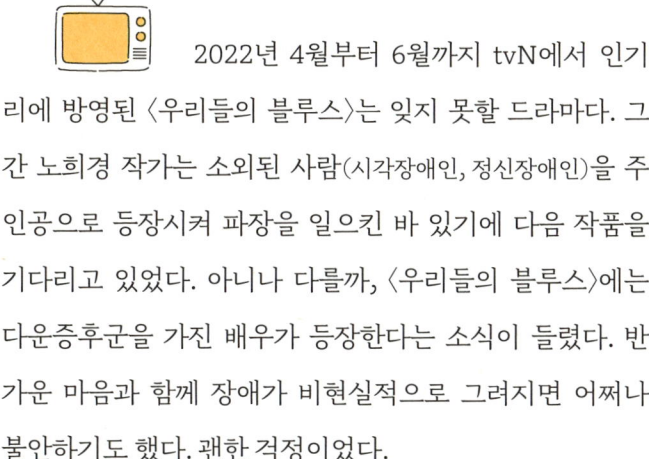 2022년 4월부터 6월까지 tvN에서 인기리에 방영된 〈우리들의 블루스〉는 잊지 못할 드라마다. 그간 노희경 작가는 소외된 사람(시각장애인, 정신장애인)을 주인공으로 등장시켜 파장을 일으킨 바 있기에 다음 작품을 기다리고 있었다. 아니나 다를까, 〈우리들의 블루스〉에는 다운증후군을 가진 배우가 등장한다는 소식이 들렸다. 반가운 마음과 함께 장애가 비현실적으로 그려지면 어쩌나 불안하기도 했다. 괜한 걱정이었다.

5월 중순 '영옥과 정준 그리고 영희 1, 2편'에 실제 캐리커처 화가로 활동하는 정은혜씨가 '영희' 역으로 출연했다. 언론과 SNS는 온통 떠들썩했다. 다운증후군 배우가 인기 드라마에 출연하다니! 두 편의 에피소드는 다운증후군을 가진 영희와 자매인 영옥의 삶, 영옥을 사랑하는 정준의 마음을 현실적으로 그려 장애 자녀를 키우는 부모뿐 아니라

장애인에 대한 경험이 없는 사람들에게까지 큰 반향을 일으켰다.

특히 기억에 남는 장면이 있다. 제주에 사는 영옥과 정준이 '썸'을 타는데, 육지에 사는 영희가 갑자기 제주에 내려온다. 아무것도 몰랐던 정준은 공항에서 영희를 보고 깜짝 놀란다. 어떻게 대해야 할지 난감했다. 영옥은 예상했다는 듯 인터넷에서 '다운증후군'을 찾아보라고 하고 쌩하니 가 버린다. 정준은 영옥을 다시 찾아가 이야기한다.

"…그리고 내가 영희 누나 보고 놀랬어. 근데 난 그럴 수 있죠. 다운증후군을 처음 보는데. 그럴 수 있죠. 놀랄 수 있죠. 그게 잘못됐다면 미안해요. 그런 장애가 있는 사람을 볼 때 어떻게 해야 하는지 학교, 집, 어디에서도 배운 적이 없어요. 이런 상황에서 내가 어떻게 해야 하는지 몰랐다고요. 그래서 그랬어요."

노희경 작가는 장애인과 가족뿐 아니라, 비장애인의 현실도 잘 그려냈다. "다운증후군을 가진 사람을 처음 보는데."가 아니라 "다운증후군을 처음 보는데."도 실감나는 대사다. "고혈압을 처음 보는데."라고는 하지 않지만, "자폐를 처음 보는데."라고는 말하는 사회니까. 그렇다. 많은 사람이 장애인과 어떻게 어울려 살아야 하는지 배운 적도, 경험한 적도 없다. 이것이 우리 사회에서 장애인이 살아가기 힘든 이유다. 작가는 어떻게 이런 장면을 연출했을까? 감사하고 존경스럽다.

나는 간호대학에서 '발달장애 아동관리'라는 선택과목을 가르친다. 수강생은 간호대학 2~4학년 학생들인데, 중간 성찰 보고서에는 이런 내용이 자주 눈에 띈다.

"…초등학교 때 같은 반에 장애를 가진 친구가 두 번 있었다. 너무 무서웠다… 대놓고 피하지는 않았어도 적극적으로 돕거나 친해지지는 않았다… 이후 드라마에서 범죄자로 표현된 발달장애인의 모습, 예능에서 가볍고 우습게 다루어지고 따라 하는 장애 증상들을 보며, '나와 정말 다른 사람들이구나'라고 생각하며 마음의 거리를 계속 넓혀 갔던 것 같다…(학생 A)"

"초, 중, 고등학교에서 받은 장애이해교육은 대부분 교육청에서 배포한 영상을 틀어주는 것으로 끝났고, 그마저 신체장애인에 국한되었다. 이런 교육을 통해서는 지적장애와 자폐성장애를 포함하는 발달장애인을 이해할 수 없다… 지금까지 장애이해교육은 인간이라는 베이스에 '장애'라는 특성이 플러스된 것이 아니라, '정상인'에서 중요한 부품이 빠진 존재로 이해하고 배려해야 한다는 논지로 전개되었다…(학생 B)"

"수업을 듣기 전까지 장애를 가진 사람도 개개인의 특성에 따라 경험과 어려움이 다양하다는 것을 간과하고 '장애인'으로

만, 장애인 A, 장애인 B로만 생각했던 것 같다…(학생 C)"

대학을 다니는 20대도 아직 배울 기회가 없었다. 주변에서 장애인을 경험하지 못한 것이다. 거기 생각이 미치자 주성이 반 친구들에게 다운증후군이라는 장애와 주성이의 일상을 알려주고 싶었다. 올해 장애이해교육을 엄마인 제가 해도 되겠냐고 묻자, 선생님들께서 흔쾌히 기회를 주셨다. 주성이 반 친구들에게 〈우리들의 블루스〉 정준과 영옥의 대화 장면을 보여줬다.

"여러분은 적어도 이 드라마의 정준 씨 같지는 않을 것 같아요. 주성이와 함께 생활하면서 장애인 친구를 어떻게 대해야 하는지 경험했으니까요. 주성이처럼 장애를 가진 사람이 기본적으로 우리와 같다는 것을 알았으면 해요." 그리고 다운증후군의 이름이 왜 다운증후군인지, 어떤 특성이 있는지 설명하고, 다운증후군이 있지만 사회에서 요리사로, 화가로, 무용가로 살아가는 사람들을 소개했다.

아이들은 친구 엄마가 와서 강의하는 것을 흥미로워했다. 주성이도 엄마가 선생님처럼 친구들 앞에서 강의를 하니 신기하고 좋은 것 같았다. 수업 후 질문도 나왔다. "주성이의 지적장애는 치료가 될 수 있는 건가요?" "동생은 괜찮은가요?"

"다운증후군을 가진 아기가 점점 태어나기 힘든 상황이에요. 이제 한 해 120명도 태어나지 못하는 것 같아요. 혹시 나중에 주성이가 정은혜 씨처럼, 혹은 화가 김현우 씨처럼 유명해져서 TV에 나올지도 몰라요. 그렇게 되면 여러분은 '나 쟤랑 같은 반이었어!'라고 자랑스러워하겠지요? 장애인과 친하게 지내본 경험은 여러분이 앞으로 세상을 살아갈 때 우리 사회를 더 잘 이해하고 좋은 사회로 만들어갈 힘이 될 겁니다."

이렇게 조금 뻔뻔하고, 조금 떳떳하게 수업을 마무리했다.

형이
장애인이라고요?

비장애 형제자매를 이해하기 위한 노력(1)

비장애 형제자매란 문자 그대로 장애인의 형제자매로 비장애인인 사람을 지칭하는 말이지만, 무척 어색하다. 아마 처음 들어본 사람도 많을 것이다.

둘째는 낳지 않으리라 생각했다. 주성이를 키우는 것만도 벅찼기에, 둘째를 낳고는 일할 자신이 없었다. 주성이처럼 '변수'가 생기지 않는다는 보장도 없었기에 두렵기도 했다. 그러나 큰애를 키워보니 생각보다 사랑스러웠고, 생각보다 덜 비극적이었다. 점차 아이가 하나 더 있어도 좋겠다는 생각이 들었다. 그렇게 둘째가 태어났다.

장애 없는 아이는 기쁨이었다. 주성이는 발달이 느려 내가 알았던 발달단계가 헷갈릴 정도였는데, 둘째는 물리치료도 작업치료도 없이 척척 발달단계에 맞춰 크는 것이 너무 신기했다. 네덜란드와 이탈리아를 오가는 여행은 환상적이었다. 둘째를 낳았을 때부터 비장애 형제자매에 관심이 생겼다. 그들의 경험에 대한 논문이나 외국책을 찾아보면서, 언젠가 둘째에게 형의 장애에 대해 설명해야 할 그날을 미리 준비했다. 또한 둘째가 형의 장애 때문에 겪을지 모르는 어려움을 덜 겪기를 바랐기에, 절대 주성이를 우선해서 키우지 않으려고 노력했다. 어쩌면 둘째를 더 우선해서 키웠다고 할 수도 있다.

어렸을 때 두 아이는 같은 어린이집을 다녔다. 주성이가 네 살 차이인 동생보다 발달이 느리지는 않아서인지, 어린이집을 다니는 동안 형의 장애에 대해 별다른 말을 한 적이 없다. 형은 생각주머니가 작아서 다른 형들과 조금 다르다, 말하는 것, 행동하는 것, 생각하는 것이 모두 다르다는 정도로만 설명했다. 그게 사실이니까. 한편으로 둘째가 형의 특성을 장애라는 테두리에 가두지 않고, 있는 그대로 받아들이기를 원했다. 하지만 초등학교 갈 즈음에는 더 정확히 알려줘야 했다. 어쩌면 나는 정확히 설명해야 하는 그날을 미루고 싶었는지 모른다. 애써 아직은 아니라고 생각했을까?

그날은 생각보다 훅 다가왔다. 초등학교에 입학한 지 얼마 안 되어, 둘째가 거실에서 뭔가를 흥얼거린다. 가만히 듣다가 가슴이 쿵 내려앉았다.

"팔 빼기 팔은 장애인~"

"지금 뭐라고 한 거야? 그런 노래 어디서 배웠어?"

"학교에서 친구들한테 배웠어요."

아이고… 장애에 대한 이해가 없는 아이들이 이런 노래를 아무렇지도 않게 불렀던 것이다. 나는 마음을 가라앉히려고 애쓰면서 최대한 부드러운 목소리로 둘째에게 말했다. 장애를 가진 사람, 특히 사고로 팔을 잃은 사람이 이런 노래를 들으면 어떤 기분이 들지, 우리가 워터파크에서 팔이 없는 분을 본 적이 있는데 그 앞에서 이런 노래를 부르면 그 분의 마음은 어떨지 생각해보자고 했다. 편견이 뭔지도 모르는 아이라 가르쳐주니 바로 이해하고 잘못했다고, 그런 노래는 부르면 안 된다고 알아들었다. 이제 이야기를 해야 할 때였다.

"형이 다른 형들과 달라 보이는 게 있지? 사람들은 형도 장애인이라고 해. 형은 머릿속에 생각하는 주머니가 다른 사람보다 작아서, 말이 어눌하고, 공부하는 생각도 빨리 못 한다고 그랬잖아? 그렇게 생각 주머니가 작은 사람을 지적장애가 있다고 해. 형은 다운증후군이라는 특이한 점이 있어서 장애가 있는 거야. 그래서 형도 장애인이야."

둘째가 너무 놀라며 반문한다. "형이 장애인이라고요?"

"맞아, 형도 장애인이야. 우리 가족은 형이 장애가 있다고 생각하지는 않아. 형은 형이니까. 형이 그런 건 형의 특징이라고 생각하지. 하지만 형은 사람들이 얘기하는 장애인이 맞기는 해. 형이 장애가 있는 건 형의 잘못도 아니고, 우리 가족의 잘못도 아니야. 장애가 있다는 것은 잘못이 아니야. 불쌍하게 생각해야 하는 것도 아니고."

가만히 듣던 둘째가 잠시 생각하더니 물어본다.

"그러면 애들이 형이 장애인이라고 놀리면 어떡해요?"

"음… 장애에 대해 잘 모르는 아이들은 그럴 수도 있어. 그건 걔들이 잘 몰라서 잘못하는 거야. 속상할 수는 있지만 창피해할 필요는 없어. 그 애들이 나쁘게 행동하는 거니까. 그런 속상한 일이 혹시라도 있으면 엄마한테 얘기해줘. 엄마가 같이 속상해해줄게."

둘째에게는 이미 장애는 나쁘다는 사회의 그릇된 인식이 심어진 것이다. 나는 반성했다. 이 순간을 수없이 상상하면서도 아이에게 미리 설명하지 못했던 것을…

한달 즈음 지났을까? 둘째 네 반 남자아이들로 구성된 축구팀이 대회에 나가게 되었다. 주말이었기에 가족이 응원하러 가기로 했다. 둘째에게 형의 장애에 대해 얘기한 지 얼마 안 된 때였기에 먼저 물어봤다.

"토요일에 축구대회잖아? 가족이 응원 갈 건데 엄마랑 아빠만 갈까, 아니면 형도 같이 갈까?"

"(한참 고민하더니 조그맣게 얘기한다) 엄마 아빠만 오면 안 돼요?"

"왜 안 돼, 그래도 되지. 네가 원하는 대로 할게."

형도 같이 오라고 하기를 내심 기대했지만, 둘째는 망설였다. 둘째의 마음이 더 중요하다고 생각했기에 섭섭하지 않았다. 그럴 수 있다고 생각했다. 그런데, 조금 있다가 둘째가 다시 얘기한다.

"엄마, 그냥 형도 같이 와요. 형도 와요."

"그래? 그럴까? 알았어."

최대한 기쁜 내색을 들키지 않게, A와 B가 동등한 선택지라고 느꼈으면 하는 마음에 쿨한 척했지만, 그렇게 결정해 준 둘째의 마음이 너무나 고마웠다.

축구대회 날이 왔다. 우리 모두 힘차게 응원했다. 경기를 마친 둘째가 다가왔다. 아주 잠시, 친구들이 형을 신경 쓰는지 둘러보는 것 같았다. 하지만 각자 가족과 상봉(?)하느라 정신이 없어 친구들은 우리 가족과 인사하면서도 별다른 반응을 보이지 않았다. 둘째는 그때 느낀 것 같다. '별로 신경 쓸 일이 아니구나.'

다른 사람에게 희망 주는
엄마 같은 우리 형

비장애 형제자매를 이해하기 위한 노력(2)

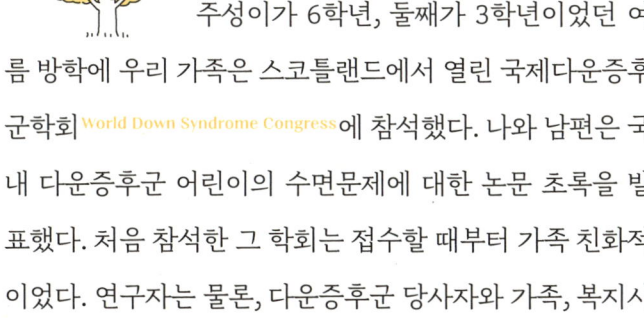

주성이가 6학년, 둘째가 3학년이었던 여름 방학에 우리 가족은 스코틀랜드에서 열린 국제다운증후군학회 World Down Syndrome Congress에 참석했다. 나와 남편은 국내 다운증후군 어린이의 수면문제에 대한 논문 초록을 발표했다. 처음 참석한 그 학회는 접수할 때부터 가족 친화적이었다. 연구자는 물론, 다운증후군 당사자와 가족, 복지시설 관계자도 참석할 수 있었다. 주최 측인 스코틀랜드 다운증후군 자조모임에서는 다운증후군을 가진 사람을 위해 특별 액티비티 프로그램을 따로 진행했다.

학회 규모도 상당했다. 남편과 나는 관심 영역이 달라서 아이들을 하나씩 데리고 각자 듣고 싶은 세션에 참석했다. 흥미롭게도 논문에서 많이 본 연구자 중 꽤 여럿이 다운증후군 가족이었다. 어쩐지 논문에서 열정과 애정이 느껴지더라니! 주성이를 데리고 맨 뒷자리에서 강연을 듣고 있으면 주변에서 챙겨주고, 다정히 말을 걸어주는 등 학회 분위기가 따뜻하기 그지없었다.

점심시간에는 큰 강당에 모여 식사를 했다. 전 세계 다양한 다운증후군 당사자를 모두 볼 수 있었다. 백인, 아시아인, 흑인 등 다양한 인종과 엄마 품에 안긴 아기부터 거동이 불편해 보이는 노인까지, 다운증후군을 가진 사람을 한꺼번에 그렇게 많이 볼 일이 평생 다시 있을까 싶을 정도였다. 둘째에게 물었다.

"엄마 아빠 따라서 여기 와보니 어때?"

"음… 형처럼 21번 염색체가 세 개인 사람들이 너무 많아요. 다운증후군인 사람이 너무 많으니까 내가 좀 이상한 것 같아요."

"맞아. 바로 그거야! 장애인만 있는 세상에 가면 장애가 없는 사람이 이상해 보일 수 있지. 그러니까 우리가 장애가 없다고 대단한 건 아니야."

둘째의 대답을 들으니 휴가 일정을 조정하고 많은 돈을 들여 온 가족이 학회에 오기를 잘했다는 생각이 들었다. 1학년 때 형도 장애인임을 알게 된 둘째는 형과 참 잘 지냈다. 가끔 나는 혹시 형과 다니면서 창피한 일은 없었는지 묻기도 했다.

"지난번에 형이 사람들 앞에서 주저앉아 고집 부릴 때는 창피했어요."

"맞아, 그때 정말 엄마지만 나도 창피하더라. 형은 왜 그럴까? 그냥 버리고 오고 싶었어."

"아니, 엄마는… 그래도 버리고 오면 안 되죠." 그러고 웃는다.

둘째가 초등학교 6학년 때, 담임 선생님께서 학급 게시판에 전시된 아이들의 시화를 사진 찍어 보내 주셨다. '우리 아이는 무슨 시를 썼을까.' 궁금한 마음에 사진을 확대해 봤다. 아, 너무 고마웠다! 자라면서 네 마음이 많이 힘들지는 않았나 보다. 참 감사하구나.

> 형
> 나무같이 마음 넓은 우리 형
> 다른 사람에게 희망 주는 엄마 같은 우리 형
> 따뜻한 불처럼 마음 따뜻하고
> 지니처럼 원하는 것 들어주는 우리 형
> 우리 가족에서 찹쌀떡처럼 착 붙어있는 우리 형

이제 둘째는 중2가 되었다. 이 글을 쓰면서 그간의 경험에 대해 물었다. 형 때문에 불편한 것은 없는지, 속상한 일은 없는지, 친구들이 형을 보면 어떻게 얘기하는지 물어봤다. 전에 우리 동 앞에서 친구들과 같이 있을 때 형을 만났는데, 조금 이상하게 보는 것 같아서 얘기했다고 한다. "우리 형은 장애가 있어." 아무렇지 않게 얘기하면 친구들도 별 반응이 없다고 한다. "엄마는 형이 창피해요? 우리 가족인데 뭐가 창피해요? 장애가 있다고 창피해하면 안 되죠. 형도 잘하는 거 많은데…" 나는 굴하지 않고 또 묻는다.

"너처럼 형이나 누나가 장애인인 사람을 '비장애 형제자매'라고 해. 비슷한 상황에 있는 친구들을 만나는 모임도 있는데, 너도 엄마한테 얘기하기 힘들거나 다른 친구들 만나고 싶은 마음이 생기면 언제든지 얘기해. 엄마가 소개해 줄게. 가보고 싶은 생각은 없어?"

"아이고, 나는 갈 필요 없는데…" 엄마가 너무 오버한다는 표정으로 들어가 버린다.

내가 책을 너무 많이 봤나? 아님 책을 너무 많이 봐서 잘 키운 걸까? 잘 모르겠다. 자식 일은 절대 장담할 수 없지만, 다행히 아직까지는 별 어려움이 없는 것 같다. 아무튼 다행이고 안심이다. 둘째를 키우면서 다짐한 것이 몇 가지 있다.

- 장애를 가진 자녀에게만 집중하지 말 것.
- 장애를 가진 자녀를 부끄러워하는 가족이 되지 말 것.

- 비장애 자녀에게 온전한 사랑과 관심을 주고, 때로는 더 많은 시간을 할애할 것.
- 항상 공평하게 대할 것.
- 비장애 자녀가 장애 형제에게 갖는 감정을 그대로 받아들이고 인정해 줄 것.
- 장애 자녀의 미래에 비장애 자녀를 너무 포함시키지도, 배제하지도 말 것.

이 다짐을 앞으로도 잘 실천할 수 있기를, 우리 둘째가 마음이 건강한 아이로 성장하기를 기도한다.

이보다
좋을 수는 없다

우리는 어벤저스 가족

주성이가 벌써 열여덟 살이다. 눈 깜짝할 새에 세월이 흘렀다. SNS에서 알려주는 '몇 년 전 오늘'의 사진을 보면 두 아들의 귀엽고 사랑스러운 시절이 잠시 그립다가도 결코 다시 돌아가고 싶지는 않다. 그만큼 치열하고 열심히 살았기에 다시 그만큼 최선을 다할 자신이 없다. 가족이 있었기에 네덜란드와 이탈리아를 오가면서 살 수 있었다. 우리는 정말 어벤저스 가족이라 말하고 싶다. 가족에 대한 글은 눈물 없이 쓸 수 없을 것 같아 미루었는데, 결국 써야 할 때가 왔다.

친정 엄마와 아빠

주성이가 미국 신시내티에서 태어났을 때, 함께 있었던 사람은 남편이 아닌 부모님이었다. 우리는 함께 주성이의 진단을 들었고, 각자 마음속에서 만 가지 심정이 교차하는 시간을 감내했다. "은경아, 걱정하지 마. 엄마가 도와줄게. 우리가 잘 키우면 돼." 주성이의 진단을 전했을 때, 엄마가 가장 먼저 한 말씀이다. 잠시 후 엄마는 병원 1층 기프트샵에서 풍선과 선물을 사 오셨다. 모두 정신을 놓고 있을 때, 미국에서 산모 침대 머리맡에 매달아 놓는 풍선을 사다 준 것이다. "Congratulations! It's a Boy!"라고 쓰여 있었다. 그리고 아들을 품에 꼭 안고 있는 목각인형을 내 손에 쥐어 주셨다. 엄마의 마음이 고스란히 전해졌다. 주성이를 품에 꼭 안고 잘 키우자는 엄마의 마음이었다.

딸이 장애를 가진 아들을 낳았다는 것은 부모님에게도 청천벽력 같은 소식이었을 것이다. 내 앞에서는 의연했지만 병실 밖에서, 내가 없는 곳에서 흘렸을 눈물을 생각하면 지금도 목이 멘다. 주성이를 낳기 전까지는 항상 자랑스러운 딸이었는데, 돌이킬 수 없는 불효를 한 것 같아 부모님 앞에서는 울 수 없었다.

주성이를 낳은 후 한 달간 낯선 타국에서 많은 일을 겪으면서도 엄마 아빠는 내가 좌절하지 않도록 한시도 쉬지 않고 도와주셨다. 한국으로 돌아오던 날, 긴 환승과 비행 중에도 아빠는 한 달 갓 지난 주성이를 태운 카시트 바구니를 소중한 보물 다루듯 하셨다.

주성이 백일 즈음에 사직을 고려했다. 그때 엄마는 내가 계속 일했으면 좋겠다고, 엄마가 도와주겠다고 하셔서 우리 세 식구는 친정 부모님과 함께 살게 되었다. 엄마는 평일에 나 대신 두 아이를 등하원 시키면서 하루도 그 시간이 힘들거나 싫은 적이 없다고 하셨다. 나보다 아이들에게 더 많은 이야기를 들려주셨고, 눈동자처럼 항상 지켜 주셨다. 내가 쓰지 못한 육아 일기를 엄마가 쓰셨으니 더이상 설명이 필요 없을 것이다.

어찌 보면 장애에 대한 차가운 시선을 나보다 엄마가 더 많이 겪고 감당하셨을 것이다. 장애 부모가 주변에 커밍아웃하기 힘든 것처럼, 엄마 아빠도 지인들에게 손자의 장애를 알리면서 겪으셨을 고민과 어려움을 생각하면 마음이 아리다. 주성이가 열다섯 살이 될 때까지 부모님의 도움이 없었다면 지금의 나도, 남편도, 주성이도, 둘째도 없었을 것이다.

시부모님

'장애아를 낳다니 엄마에게 문제가 있는 것이 아닌가?' 아직도 우리 사회에는 이렇게 잘못된 믿음이 있다. 사실 많은 장애 부모가 이런 문제로 시부모님과 갈등을 겪는다. 그런 면에서 시부모님께 감사하다. 두 분도 얼마나 속상하셨을까? 남편 역시 항상 그분들의 자랑이었으니… 그러나 단한 번도 주성이의 장애에 아쉽거나 싫은 내색을 하신 적이 없고, 항상 더 애틋하게 사랑해주셨다. 두 분의 새벽기도 덕분에 아이들이 잘 자랄 수 있었다. 사돈이 아이들을 봐주시는 데 대해 항상 미안하고 고마워하셨으며, 필요할 때는 언제든지 도와주셨다.

남동생과 시댁 형님들

부모님과 합가했을 때 여섯 살 아래인 남동생은 군복무를 마치고 복학을 준비했다. 조용한 집에 누나 네가 아이까지 데리고 들어왔으니 얼마나 귀찮고 싫었을까 싶지만, 동생은 주성이를 참 예뻐했다. 젊은 삼촌은 종종 조카를 어린이집에 등하원시켰고, 새로운 자극을 주었다.

시댁 형님들도 너무 감사하다. 특히 지금은 하늘나라에 계신 형님이 종종 떠오른다. 둘째가 10개월 정도 되었을 때 나는 2주, 남편은 4주간 필라델피아 어린이병원에 단기연수를 가게 되었다. 보통 저녁과 주말에는 내가 아이들을 봤는데, 내가 없는 동안 엄마가 하루 종일 아이 둘을 보실 수 있을지 걱정되었다. 그 얘기를 들은 형님은 조금도 망설이지 않고 말씀하셨다. "내가 봐줄게, 동서. 걱정 마. 우리 집에 데리고 와!" 철딱서니 없던 나는 정말로 낯가림이 심한 둘째를 수원 형님 네 데려다 놓고 미국으로 떠났다.

형님과 아주버님은 둘째를 데리고 수영장에도 가고, 에버랜드도 다녀와 사진을 보내주셨다. 형님은 전업주부셨고, 조카들은 아홉 살, 일곱 살이었다. 큰 조카는 수영을 전공하려고 준비하느라 이리저리 차로 데리고 다니기만도 벅찼을 것이다. 큰 조카에게 그때 기억이 나느냐고 물어보니 막내 동생이 생긴 것 같아 좋은 추억이었다고 한다. 나는 복 많은 사람이다.

남편

남편은 나의 정신적 지주이자 모든 일을 함께 헤쳐 나간 동지다. 내가 주성이의 다운증후군을 부정하며 아니라는 이유를 찾고 있을 때, 남편은 웹캠으로 아기를 보며 단호하게 얘기했다. "다운 맞네. 맞아요. 검사 결과 안 봐도 맞아. 우리가 잘 키우면 되니까 걱정 말아요." 그의 말을 듣고 퍼뜩 정신을 차렸다. 한국에 와보니 커밍아웃을 고민할 필요도 없게 주변에 모두 알려두었고, 어쩌면 주성이를 과하게 '홍보'하고 다녔다. 그만의 대처방법이었으리라.

아이들을 공평하게 양육할 수는 없었지만, 대학병원 전공의, 강사, 교수의 바쁜 일상을 고려하면 남편은 정말 최선을 다했다. 나는 주성이를 키우면서 여러 번 직장과 학업을 포기할 뻔했다. 그때마다 남편이 용기를 주었다. 그는 내가 성장하는 것을 가장 기뻐해주는 사람이었다. 그 점이 가장 고맙다. 한창 바쁠 때는 주말에 하루씩 아이들을 맡았다. 서로에게 하루 동안 출근해 온전히 일할 수 있는 시간을 확보해주기 위해서였다. 남편은 혼자 두 아들을 데리고 롯데월드 어드벤처, 키즈카페, 올림픽 공원 등 어디든지 갔다. 때로는 여행도 다니는 프로 아빠였다. 이런 남편이 있었기에 지금의 내가 있다.

주성이를 키우는 18년은 온 가족이 함께 한 시간이었다. 가족은 가장 중요한 자원이자 안식처였으며, 든든한 울타리였다. 그 덕분에 모두 마음 건강하게 성장할 수 있었다.

이제 다운증후군은 낳아야 하지 않나요?

어느 산부인과 선생님의 질문

    2022년 12월 서울에서 '염색체 이상의 산전진단과 출생 후 관리'를 주제로 학회가 열렸다. 한국모자보건학회 주최로 산부인과, 소아청소년과, 간호학과 교수 및 의료진이 모이는 자리였다. 첫 강의는 날로 발전하는 산전진단 기술을 소개했다. 이제 원한다면 대부분의 염색체 이상은 물론, 출생 후 질병으로 발현될지도 확실치 않은 미세결실까지 산전에 진단할 수 있다.

두 번째와 세 번째 강의는 산전검사에서 18번 염색체가 3개인 에드워드증후군으로 진단된 아기를 낳기로 결심하고 2년째 키우고 있는 가족에 대한 증례 발표였다. 미국 9개 주에서 1,113명을 후향적으로 조사한 연구에 의하면 에드워드증후군 아기는 50% 이상이 출생 후 1주일을 넘기지 못한다. 1년 생존율이 13.4%, 5년 생존율은 최대 12.3%다. 소개된 아기는 출산 후 중환자실에서 적극적인 치료를 받은 후, 가정용 인공호흡기를 달고 집으로 퇴원했다. 현재 약 2세가 되었고, 뒤집고 앉는 등 느리지만 나름의 속도로 성장하고 있다.

아기의 가정으로 '중증소아 재택의료 시범사업' 방문을 하시는 교수님께서 마지막에 한 이야기가 마음에 남았다. "가족은 너무 행복해 보입니다. 아이를 언제 보내야 할지 모르지만, 집에서 함께하는 것이 감사하다고 합니다. 언니, 오빠는 인공호흡기를 한 동생과 나름의 방법으로 놀아줍니다. 저는 소아청소년과 의사이지만, 가족이 어떻게 이렇게 행복을 느낄 수 있는지 궁금해졌습니다."

강의 후 아기의 에드워드증후군을 산전진단한 교수님께서 코멘트를 하셨다. "산전진단 후, 산모가 다시 진료실에 왔을 때 저는 임신종결을 결정했을 거라고 생각했습니다. 예상과 달리 아이를 낳겠다고 했습니다. 산부인과 의사는 아기가 태어난 후 어떻게 되는지 계속 확인하기 힘든데, 이렇게 두 살까지 잘 자라고 있다니 놀랍고, 앞으로 염색체 이상이 있는 태아들을 어떻게 진료해야 할지 많은 생각을 하게 됩니다."

네 번째는 '우리는 어떻게 그들의 적응을 도울 수 있는가'라는 제목으로 내가 강의했다. 출생 후 자녀가 염색체 이상을 진단받았을 때 부모가 느끼는 여러 가지 감정과 적응 과정을 소개했다. 그리고 미국소아과학회에서 제시한 가이드라인을 근거로 가족에게 아기의 다운증후군 진단을 전하는 법, 이들이 어떻게 잘 클 수 있는지에 대해 이야기를 나눴다. 마지막으로 의료인으로서 장애인에 대한 관점을 다시 생각해 보고, 점검할 필요가 있다는 메시지를 전했다.

강의 후 한 교수님께서 질문 아닌 질문을 하셨다. "우리가 겨우 1주일밖에 살지 못한다고 생각하는 에드워드증후군 아기도 2년, 5년씩 사는 경우가 있고, 그 아이를 키우는 가족들이 행복하다고 하는데, 다운증후군 정도면 이제 낳아야 하는 것 아닌가요? 우리가 그렇게 이끌어가야 하는 것 아닌가 생각됩니다."

다른 교수님은 이런 코멘트도 하셨다. "산부인과 의사로서 뱃속에 있는 아기의 작은 결함까지 찾아내는 것이 우리의 역할이라고 하지만, 의료가 이 방향으로 발전하는 것이 맞나 갈등이 생깁니다. 학계에서 이런 문제가 더 많이 논의되어야 한다고 생각합니다."

나는 오랫동안 산부인과, 소아청소년과 의사들에게 출생 후 염색체 이상을 진단했을 때 어떻게 그 소식을 전해야 할지, 이들이 잘 적응하기 위해 의료인은 어떻게 도울 수 있는지 이야기할 기회가 있기를 바랐다. 간호대 학부와 대학원 학생에게 매년 하는 이야기지만, 최전선에서 그 순간 부모에게 가장 큰 영향을 미치는 이는 의사이기 때문이다.

우연히 이 학회에 초대받아, 드디어 하고 싶은 이야기를 할 수 있었다. 하지만 막상 강의를 준비하면서 걱정이 앞섰다. '내가 하고픈 이야기를 의사들이 이해해 줄까? 관심이나 있을까?' 그러나 내가 준비한 내용에 다른 교수님들의 강의가 더해져 메시지가 빛을 발하고, 모두 공감하는 시간이 되었다. 모든 것이 감사했다. 같은 마음을 가진 선생님들이 이렇게 많으니 더 좋아지리라는 희망에 마음이 부풀었다.

희망은 실현되고 있다. 같은 세션에서 발표한 질병관리청 희귀질환관리과 과장님께서 여러 교수님의 강의를 듣고 희귀질환 국민인식개선 프로젝트를 학회에 의뢰하셨다. 학회에서는 다운증후군 인식개선을 과제로 정해 연구를 수행했고 동영상도 만들었다. 우리나라 정부에서 다운증후군에 대해 의료와 복지 외의 영역에 관심을 갖고 지원한 것은 처음인 것 같다(질병관리청 유튜브 '우리 다운 이야기').

2009년 둘째가 태어난 날, 근무 후 진통이 시작되어 바로 분만실에 입원했다. 모니터링 병실 옆 침대에는 커튼이 쳐져 있어서 얼굴은 볼 수 없었지만 다른 산모가 있었다. 의료진들이 의학용어를 써서 주고받는 말이 들려왔다. 그 산모의 아기는 복잡한 심장 문제가 동반된 다운증후군으로 임신종결을 앞두고 있었다. 밀려오는 진통 속에서도 내 마음은 온통 옆 산모에게 가 있었다. 커튼을 젖히고 외치고 싶었다.

"제가 다운증후군 아이를 키우는데요, 정말 괜찮아요. 포기하지 마세요!"

그럴 수는 없었다. '주성이는 가벼운 심장 문제만 있었으니 복합 심기형이 있는 아이 부모의 마음을 모르지 않나? 지금 나는 입원한 사람인데 그런 얘기를 하면 법적으로 문제가 되지 않을까? 이미 임신종결을 위한 약물이 들어가고 있는데 이제 와서 얘기한들 뭐가 달라질까? 엄마에게 마음의 짐만 안기는 것 아닌가?' 커튼 끝만 만지작거리다 아무 말도 못했다. 그때로 다시 돌아갈 수 있다 해도 커튼을 젖히지 못할 것이다.

우리나라에서는 산전에 염색체 이상이나 선천성 건강 문제가 발견되면 많은 부모가 임신 유지를 포기한다. 우리만 그런 것도 아니다. 우리나라 자료가 없어서 비교하기는 어렵지만 선진국으로 꼽히는 나라에서도 비슷한 결정을 내리는 경우가 많다고 보고된다. 우리 사회는 이대로 괜찮을까? 의료인은 어떻게 해야 할까?

하버드 대학 생물학 명예교수이자 '책임 있는 유전학을

위한 회의Council for Responsible Genetics, CRG'의 일원인 루스 허버드의 말에서 답을 찾을 수 있었다.

"물론 여성은 이유가 무엇이든 임신을 중절할 수 있는 권리를 지녀야 하지만, 동시에 임신을 중절하지 않을 수 있는 권한이 부여되어 있다는 느낌을, 그녀와 아이가 충만한 삶을 살아갈 수 있도록 사회가 할 수 있는 조치들을 취할 것이라는 확신을 지닐 수 있어야 한다. 장애인에 대한 사회적 편견에 의해 행해진 출산 전 중재는 재생산 선택권을 확장하는 것이 아니라 오히려 제한한다."

— 비마이너, 2015

그렇다. 우리는 여성의, 부모의 모든 권리를 인정해야 한다. 또한 다른 선택지가 있다는 것, 사회가 아이의 특별한 필요를 위해, 아이의 충만한 삶을 위해 노력할 것이라는 확신을 줄 수 있어야 한다. 그런 사회를 만들어가야 한다.

우리보다
위대한 것

어찌할 수 없는 저편의 세계

"…인간의 지혜가 아무리 뛰어나도, 죽을 힘을 다해 노력해도 어찌할 수 없는 저편의 세계, something great가 있다는 거야. 지혜자만이 그걸 받아들일 수 있네. something great를 인정하고 겸허해지는 것은 머나먼 수련의 길이야."

― 김지수, 《이어령의 마지막 수업》, 열림원, 2021

우리 가족에게 온 주성이는 축복이다.

원하는 것은 모두 이룰 수 있다고 생각했던 20대 중반, 나는 something great, 우리보다 위대한 것이 있음을 알게 되었다. 주성이가 없었다면 평생 몰랐을 세계를 알게 되었고, 새로운 사람들을 만났으며, 새로운 언어를 배우고 있다. 이런 경험은 현재진행형이다. 주성이를 통해서 당연하다고 생각하는 것들이 얼마나 감사한 일인지 알게 되었다.

주성이가 성장하는 동안 주변에 수호천사가 계속 나타났다. 천사들에게 진 빚을 직접 되갚을 수 없었기에, 나도 내 자리에서 누군가의 수호천사가 되기로 했다. 병원에서 일할 때는 환자와 보호자에게, 학교에서는 학생들에게 수호천사가 되고 싶었다.

나는 배뇨배변장애가 있는 이분척추증 어린이와 부모를 주로 만나고 연구한다. 주성이를 키운 덕에 그들의 마음을 깊이 이해할 수 있었다. 진심으로 이해하니, 어려움을 해결해주고 싶었고, 그러다보니 연구도 많이 할 수 있었다. 내 지식과 경험이 다른 이에게 도움이 되는 것이 즐거웠다. 돕고 싶은 사람들을 위한 연구를 하고, 학생들을 가르치며 행복하게 살고 있다. 주성이가 없었다면 지금의 나는 없었을 것이다.

언제 걸을까, 언제 말할 수 있을까, 학교를 잘 다닐 수는 있을까? 수없이 걱정했던 일들이 다 이루어졌다. 주성이는 우리 동네에서 나보다 아는 사람이 많다. 상가 꽃집 사장님과 인사를 주고받고, 전철역에서 고구마와 군밤을 파는 할머니와도 친하다. 우리 동 앞에 담배 피우러 나오는 아저씨에게 반갑게 인사하면서 뻔뻔하게도 자기 생일이 다음주라고 이야기한다. 주성이가 다니는 권투장에서는 한 회원분이 주성이가 열렬히 좋아하는 걸그룹 '이달의 소녀' 달력을 생일 선물로 주기도 했다.

  얼마 전에 아파트 주차장을 함께 지나가는데, 갑자기 '잠깐만요' 하더니 되돌아간다. 왜 안 오나 싶어 따라가 보니, 글쎄, 주성이가 어떤 아저씨 옆에서 이중 주차된 차를 같이 밀고 있다. 돌아온 주성이에게 물었다.

  "아는 분이야?"

  "모르는 분인데요."

  가슴이 뭉클했다. '너 언제 이렇게 멋지게 자랐니!' 주성이 같은 사람이 사회에 많다면 얼마나 좋을까? 이런 아이가 정말 '장애'가 있는 걸까? 우리가 '장애'가 있는 건 아닐까?

  주성이는 손이 가지 않는 고등학생이다. 알람도 없이 6시에 스스로 깬다. 아침잠이 많아 늘 촉박하게 출근하는 엄마보다 일찍 일어난다. 스스로 냉장고에서 먹고 싶은 반찬통을 꺼내서, 먹을 만큼 덜어 5첩반상으로 정갈하게 차려 먹는다. 먹은 후 설거지통에 잘 정리해 두고, 씻고, 교복을 입은 후에 엄마를 깨운다. 잠에서 덜 깬 엄마의 배웅을 받으며 7시 10분에 혼자 전철을 타고 등교한다. 학교에서 돌아오면 좋아하는 음악을 듣고 춤을 추다가 5시경에 저녁을 먹는다. 권투장에 다녀와 샤워를 하고 거실에서 뉴스를 본 후, 자기 방으로 들어가 학습지를 하고 좋아하는 걸그룹 유튜브 영상을 보다가 10시경 잠자리에 든다. 혼자 면도도 깔끔히 하고, 코털도 잘 정리한다. 교정기를 하루 한 번 주방 세제로 잘 닦아 말리고, 저녁 식사 후에는 살찐다고 과일도 먹지 않는다. 자기관리가 대단한 녀석이다. 이런 고등학생이 있을까?

고2가 된 주성이는 대학에 가고 싶다. 발달장애인을 받는 대학은 아주 드물지만, 있긴 하다. 주성이의 미래를 위해 또 다른 준비를 시작해야 한다. 고3이 되는 2024년에는 엄마가 1년간 미국 대학에 방문교수로 연구 출장을 가기 때문에, 1년 동안 미국에서 학교를 다녀야 한다. 미국에서 태어나기만 했지 19년 만의 방문이다. 영어는 파닉스를 겨우 뗀 형편이라 걱정도 많다. 하지만 엄마와 협력연구를 하는 교수님이 미국에서 다운증후군을 가진 사람과 가족에 대한 연구를 가장 많이 하는 간호학자라서 어떤 새로운 경험이 펼쳐질지 기대도 된다.

주성이는 더 크면 자립해 살고 싶어할 것이다. 과연 자립할 수 있을까? 그 또한 미지의 세계다. 아직은 어떻게 시작해야 할지도 모르겠지만, 알아보고 부딪히면 방법이 생기겠지. 최선을 다해 잘 되면 감사하고, 안 돼도 다른 길이 있겠지 생각하는 여유로움이 생겼다. 주성이와 함께 세상을 살아가면서 좋아하게 된 성경 구절이 있다.

"이는 내 생각이 너희의 생각과 다르며 내 길은 너희의 길과 다름이니라. 여호와의 말씀이니라. 이는 하늘이 땅보다 높음 같이 내 길은 너희의 길보다 높으며 내 생각은 너희의 생각보다 높음이니라."

— 이사야 55장 8~9절

주성이가 태어난 것은 기대한 바가 아니었지만, 지금 우리 가족의 삶은 행복하고 풍성하다. 주성이는 집 앞의 학교를 다니지 못했지만, 혼자 대중교통을 이용할 줄 알게 되었고, 그로 인해 자존감과 자신감이 상승했으며, 안정된 학교에서 행복한 중학교 시기를 보냈다.

항상 생각대로 되지 않았던 길 끝에 미처 생각지 못한 결과가 있었다. 이제 주성이의 미래가 두렵지 않다. 내 뜻대로 되지 않아도 결국 더 좋은 길이 준비되어 있으리라는 믿음이 있기 때문이다. 때와 필요에 맞게 주성이에게 좋은 환경, 수호천사들이 많이 있을 것이라는 믿음 때문이다.

주성이의 성장 일기

주성이의 가족 앨범

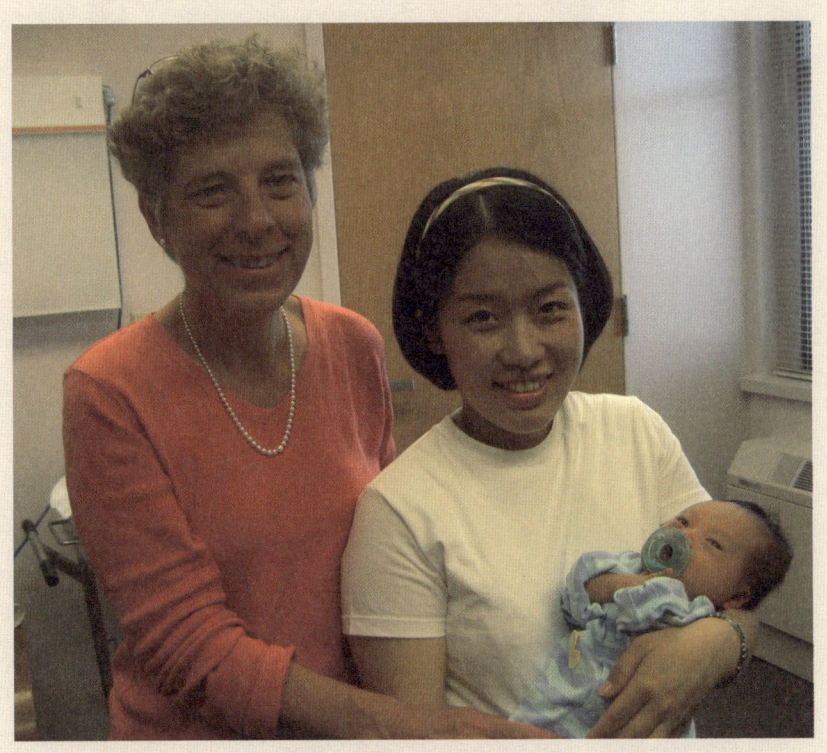

2005년 출생 후 2주, "Congratulation!"이라는 말을 제일 먼저 해 준 신생아과 선생님과 출국 전 외래에서 함께 한 사진

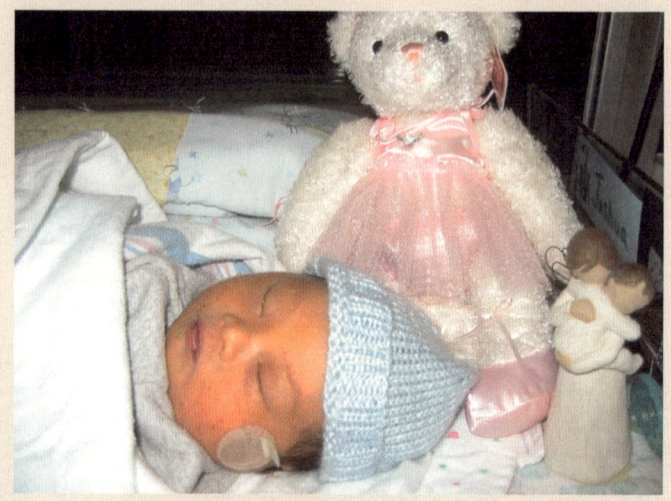

출생 후 3일째, 온 가족의 걱정을 아는지 모르는지
주성이는 신생아 집중치료실에서 너무나도 평온하다.

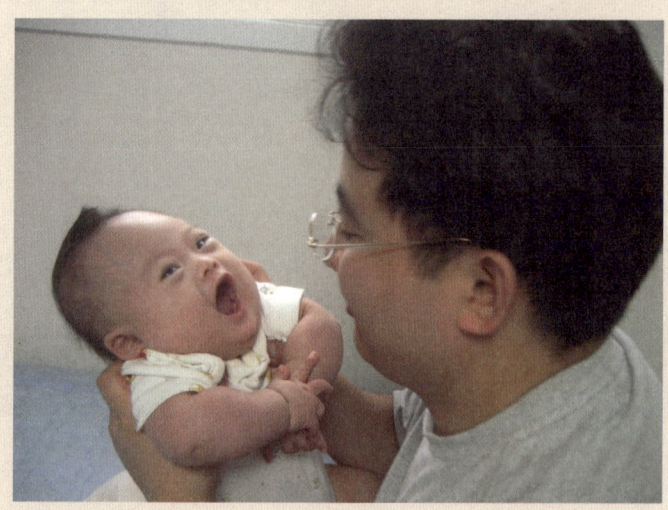

2005년 7월, 주성이는 한국에 온 후 아빠와 보내는 시간을 무척이나 좋아했다.

2008년 4월(3세), 주성이는 세 살이 되었다.
병원 동료 결혼식에 참석했을 때 찍은 사진으로
세브란스 어린이병원 어린이날 사진전에서 상도 받았다.

2009년 9월(4세), 저 쌓아둔 책을 다 읽겠다고 야심차게 시작하더니 어느새 잠이 들었다.

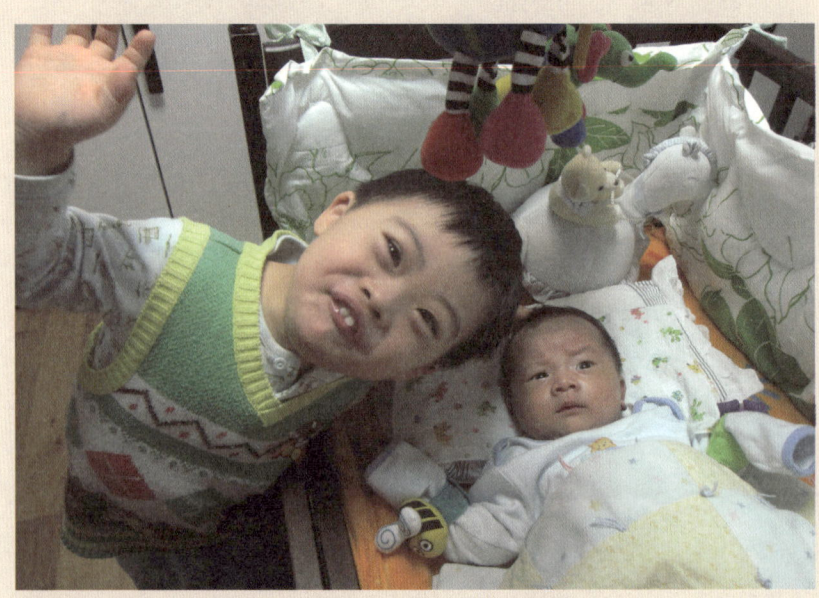

2009년 12월(4세), 주성이가 형이 되었다.
주성이는 한 번도 동생을 질투하지 않고 예뻐하기만 하는 착한 형이었다.

2010년 12월(5세), 우리 가족의 행복한 모습이 담긴 완전체 가족사진.

2013년 6월(8세), 주성이는 외모와 성격이 아빠를 정말 많이 닮았다. 그래서 아빠를 무척 좋아한다.

2013년 8월(8세), 늘 바빴던 남편은 가능한 날이면 아이들과 온몸으로 놀아줬다. 고단했던 하루가 엿보이는 장면.

2013년 8월(8세), 제주도 성산일출봉을 배경으로 여름 휴가 때마다 가족 사진을 찍곤 했다.

2013년 8월(8세), 바다의 모래를 아직까지 유난히 싫어하는 주성이지만, 바다수영은 무척 좋아한다.

2013년 10월(8세), 엄마의 취향을 너무 잘 알고 있는 주성이.
학교 알뜰장터에서 엄마를 위해 머리띠와 목걸이를,
아빠를 위해 넥타이를 사왔다. 주성이에게 처음 받은 선물이다.

2013년 11월(8세), 초등학교 1학년 발표회. 친구들과 함께한 발표회는 정말 성공적이었다. 공연이 끝나고 엄마를 보고 스스로 자랑스러워하는 표정을 보여준다.

2014년 4월(9세), 동생이 안기며 귀찮게 해도 주성이는 동생을 너무 좋아한다.

2014년 5월(9세), 4살 차이 동생은
주성이가 멋진 형이 될 수 있도록 많은 기회를 주었다.

2016년 6월(11세), 개구쟁이 동생의 손이 닿기만 해도
주성이는 뭐가 저렇게 재미있는지.

2017년 12월(12세), 함박눈이 내린 날. 그냥 지나칠 수 없는 두 녀석들.

2017년 12월(12세), 6년 동안 수영을 배운 주성이는 수영장에 가면 물개처럼 모든 영법을 자유자재로 한다.

2018년 7월(13세), 스코틀랜드 세계다운증후군 학회에 온 가족이 참석했다. 연구뿐만 아니라, 우리 가족에게도 의미가 깊은 학회였다.

2018년 9월(13세), 잠실창작스튜디오에서
라오미 선생님과 함께 한 그림 수업에 정말 즐겁게 참여했다.
이 그림은 우리집에 걸려있다.

2019년 1월(13세), '안은미의 1분 59초' 공연 전. 현대무용가 안은미 선생님의 공연을 계기로 주성이는 퀀텀 점프를 할 수 있었다.

2019년 2월(13세), 중학교 입학 전,
혼자 버스를 타고 등교하는 연습을 하는 중이다.
혼자 다닐 스스로를
자랑스러워하는 주성이 모습.

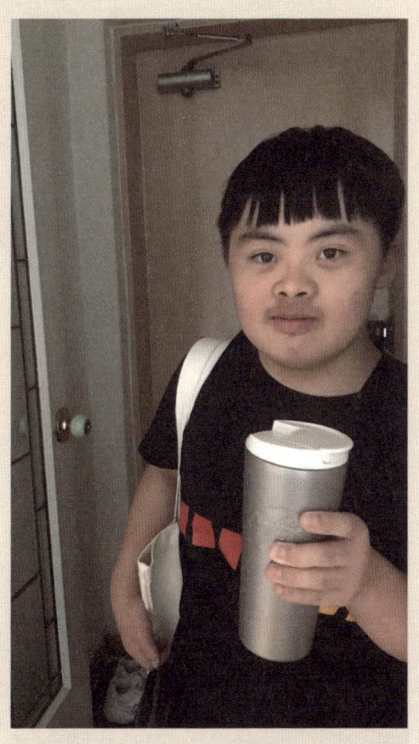

2019년 9월(14세), "커피 배달 왔습니다."
늠름하게 별다방에서 엄마를 위해
카페라테를 사다 주는 스윗한 주성군이다.

2021년 7월(16세), 아빠와의 오랜 노력 덕분에,
이제 주성이는 주말마다 혼자 잠실-반포대교까지 라이딩을 즐기고 있다.

2021년 10월(16세), 중학교 때부터, 주성이와 설악산 울산바위 등반은
우리 가족의 연례행사가 되었다.

30년 전에도 지금도 언니는 네 살

선쁘와 주이의 가족 앨범

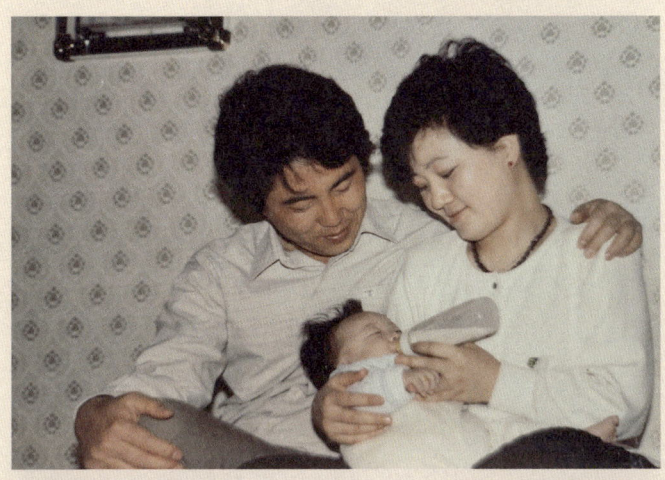

1988년 언니가 태어났다. 엄마는 언니의 장애를 받아들이기까지 1년이 걸렸다고 한다(위). 외가에서는 첫 손주여서 돌잔치를 크게 했다. 언니는 두 돌이 되어서야 걸었다고 한다(아래).

내가 태어났다. 태어나 보니 나에겐 다운증후군 언니가 있었다.

나는 누가 시키지 않았는데도 언니를 잘 챙겼다고 한다.
사진을 보면 서로 손을 잡고 있는 모습이 많다.

한복을 차려입고 친할머니댁 마당에서 사진을 찍었다. 어릴 때 사진을 보면 둘이 비슷한 옷을 입은 경우가 많다.

특히 가족여행 사진에서 언니와 나는 자주 커플룩을 입고 있다.

커플룩을 입고 캠프에 참여한 모습. 이때도 언니 옆에 꼭 붙어 다녔다.

1993년 겨울, 남동생이 태어났다.

다른 남매들처럼 장난치고 서로 싸우고, 싸우다 혼나며 컸다.

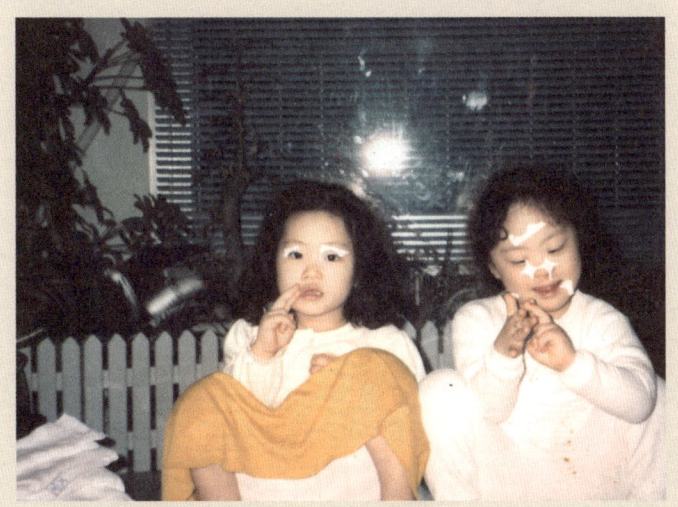

내 기억에 아주 어릴 적에는 언니가 나와 함께 노는 데 큰 불편이 없었다.
같이 얼굴에 스티커를 붙이고, 여러 가지 놀이를 함께 했다.

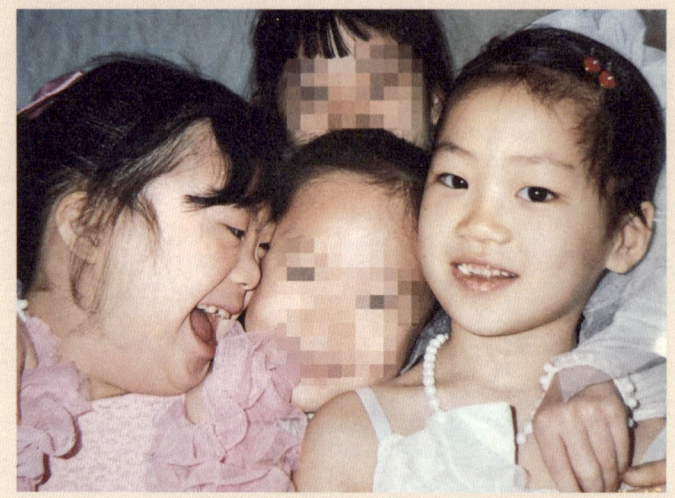

1월에 태어난 나와 언니는 공주드레스를 입고 함께 생일파티를 열었다.
내가 더 예쁜 흰색 드레스를 차지했다.

초등학교 방학 중에 엄마는 같은 옷을 입혀 컴퓨터 학원에 보냈다.

우리 가족은 늘 함께였다.

일년 내내 거의 휴가도 없이 일만 하면서도
아빠는 쉬는 날만 생기면 가족들과 함께 여행을 갔다.

큰누나 졸업식에 참석한 남동생의 사진이다. 다행히 우리 세 남매는 졸업식이 겹치지 않아 부모님도 모두 참석하실 수 있었다.

가족여행으로 갯벌에 놀러갔을 때.
예전엔 주로 어린 남동생을 가운데 두고 사진을 찍었다.

가족여행 중에 찍은 사진. 역시 어린 남동생이 가운데 있다.

부안 채석강에서 찍은 사진.
언니는 내가 입는 것, 하는 것을 따라하려 했다.

가족여행으로 경주에 놀러갔을 때.
크면서 점점 언니를 가운데 두고 사진을 찍게 된다.

이태원 나들이. 함께하는 많은 날이 웃음으로 가득했다.

언니가 큰 개를 무서워해 같이 가서 만져주다 찍힌 사진.

일본 가족여행 중에 찍은 사진.

아빠의 환갑 여행 중 강릉에서 찍은 사진.
뒤에 커플티를 입고 현수막을 준비하는 아빠가 보인다.

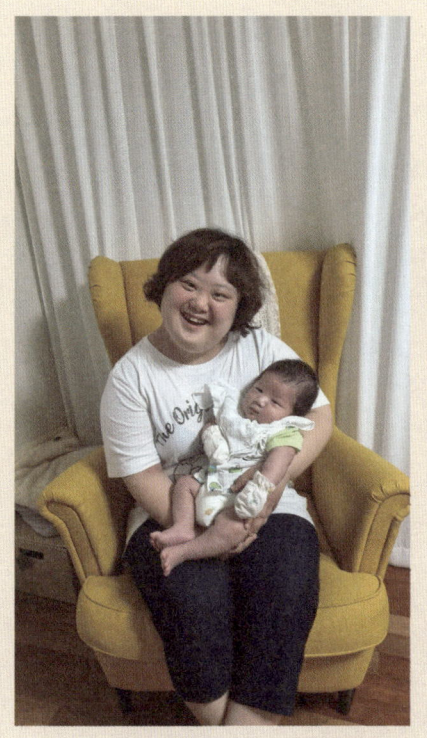

기다리고 기다리던 조카가 태어났다.

이모는 그저 신나고 좋다.

엄마가 아프다고 하자,
언니는 엄마가 먹을 밥을 차려 놓고 쪽지를 써두었다.

모두에게 늘 아름다운 사람

노을이의 가족 앨범

첫째와 둘째의 생일파티에
오빠들이 노을이를 안고 사진을 찍었다.

8개월이 된 노을이.
항상 이렇게 기쁘고 행복하길.

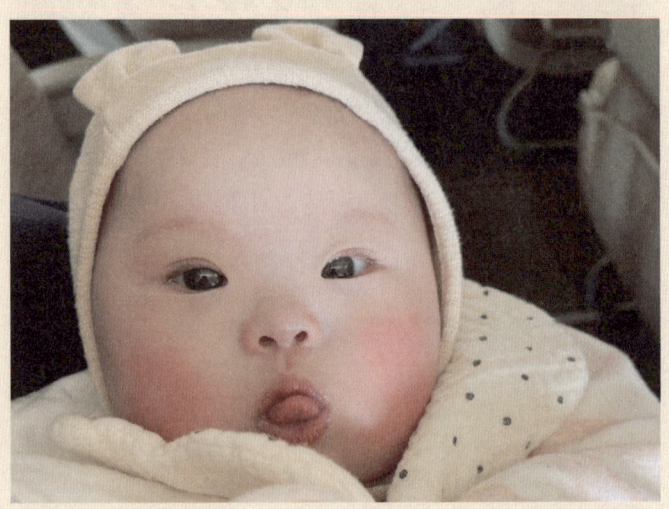

5개월 때의 사진.
이렇게 예쁜 아기로 세상에 태어나게 해주신 모든 분께 감사드립니다.

박주형

한림대학교 경영대학 교수. 연세대학교에서 경영대학 박사학위를 취득하고 회계학을 전공했다. 서른다섯 살이지만 아직 네 살에 머물러 있는 다운증후군 장애 언니(선쁘)가 있다. 장애인과 그 가족이 사회로 더 많이 나오고 행복한 삶을 꿈꿀 수 있기를 바라는 마음으로 언니와 가족들의 일상을 담은 유튜브 채널 〈다운증후군 선쁘〉를 운영하고 있다.

장애인도, 비장애인도
작은 배려로 살아가는 것 아닐까

30년 전에도 지금도 언니는 네 살

태어나보니 이미 내 곁에 있던 다운증후군 언니는 부정할 수 없는 운명과도 같았습니다. 신경을 쓸 수밖에 없는 언니로 인해 온전한 나만의 세상은 없지만, 그럼에도 그리 힘겹지 않고 행복하다 말할 수 있는 제 이야기를 들려드리고자 합니다. 언니 덕분에 저는 아직도 배우고 성장합니다. 성장통은 때로 찌릿하지만 그 덕에 한 걸음 더 나아간 미래를 기대합니다. 장애인과 그의 가족, 형제자매가 모두 행복한 삶을 꿈꾸며, 이 무한한 달리기를 함께 하고 싶습니다.

시간과 날짜를
볼 줄 몰라요

그래도 불편하진 않으니 괜찮아요

 아침에 전화가 울렸다. 언니 전화다.

(선쁘) "주이 아침에 왜 전화했어?"

(아빠) "아침 아니야~~~ 어제라니까~~~"

멀찍이 아빠 목소리도 들린다. 언니는 장애인을 주로 고용하는 카페에서 음료를 만든다. 아빠는 매일 아침 일찍 언니를 카페로 데려다주고. 나는 매일 퇴근길에 언니와 부모님에게 전화한다. 하루 일과를 마치는 습관이라고 할까? 어제 저녁에도 언니한테 전화했다. 언니는 받지 않았다. 바로 엄마에게 걸었더니 언니가 받았다. 아마 휴대폰을 방에 두고 엄마와 거실에서 텔레비전을 보고 있었나 보다. 오늘 하루 어땠어 저땠어 수다를 떨고, 잘 자 인사까지 마치고 끝었다. 그리고 오늘 아침, 휴대폰에서 부재중 전화 목록을 확인한 언니가 왜 전화했냐고 묻는 것이었다.

언니는 시간과 날짜를 볼 줄 모른다. 알려주면 읽을 수는 있지만 그게 어제인지 오늘인지, 시간이 지금보다 앞인지 뒤인지 구분하기 힘들다. 언니가 어느 정도까지 이해하고 말하는지 나도 잘 모른다. 부재중 전화에 어제 날짜와 시간이 찍혀 있는데도 자기가 확인한 그 시간에 내가 전화한 줄 아는 걸 보면 일자에 대한 개념이 부족한 건 확실하다. 그렇다고 크게 불편하진 않다. 전자시계와 휴대폰이 수고를 덜어준다. 그걸로 부족하면 엄마는 집에 크게 붙여 놓은 달력에서 오늘이 며칠인지, 어제는 며칠이었는지 알려준다. 물을 때마다, 이상한 소리(?)를 할 때마다, 휴대폰과 전자시계와 달력으로 시간을 알려준다. 나의 대화법도 그때그때 달라진다.

* * *

2021년 1월, 언니의 생일 즈음 2년 후에 새 휴대폰을 사주겠다고 약속했다.

"주이, 휴대폰 언제야?"

그 뒤로 언니는 수시로 묻는다. 휴대폰 언제 사주느냐고. 그때마다 2년 후에 사주겠다고 대답한다. 언니는 2년 후가 언제인지 잘 모른다. 생각 끝에 대답하는 방법을 바꾸었다.

달력을 보여주며 "2년 후는 2023년이야. 2023년 1월 11일! 언니 생일에 휴대폰을 사줄게." 그 방법은 잘 먹혔다! 언니는 휴대폰이 갖고 싶을 때마다 휴대폰의 달력을 들여다본다. 2023년 1월 11일이라는 숫자가 오늘 날짜와 일치하지 않는 것을 보고 아직 멀었음을 직감한다. 뭐, 그래도 질문이 끝나진 않는다. "주이, 2년 후지? 2023년이지?"

* * *

다시 오늘 아침.

"언니, 오늘 아침에 전화한 게 아니라 어제 저녁에 전화한 거야."

"어제 저녁이야?"

"응. 날짜를 봐. 어제로 되어 있지?"

"응…" (아마 날짜를 보지 않고 그냥 대답했을 것이다.)

"여기 봐, 어제라니까!" (아빠)

"…"

전화하는 내내 장난스러운 아빠의 말이 배경음악처럼 깔린다. '내 말이 맞는데 왜 너는 내 말을 안 듣냐'는 투의.

"아빠가 카페까지 데려다주고 좋~은 아빠다. 아빠한테 감사하다고 인사드려."

"…"

언니는 기분 좋을 땐 아빠에게 아주 상냥한 딸이지만, 기분이 안 좋거나 출근길처럼 피곤할 때는 성의껏 대답하지 않는다. 유튜브에서 어떤 분이 '철옹성 선쁘'라고 했는데 정말 찰떡인 단어다. 아빠의 이름에 '철'이 들어가서 그런가? 아빠에겐 아주 철옹성 선쁘가 된다.

아빠한테 왜 대답 안 하냐고 묻자 언니는 대답한다. "아빠가 시끄러워." 아빠한테 고맙다고 얘기 좀 해주라는 내 말에 언니는 "고맙"까지 말하고 그만이다. 문장을 끝까지 잇지 않음으로써 본인 자존심을 끝내 지킨다. 오늘도 아침 출근길이 명랑해졌다.

언니는 장애인이지?

아주 조금 이해와 배려를 바라요

 "언니는 장애인이지?"

언니한테 하는 말이다. 함께 갔던 쇼핑몰에 화장실 줄이 길게 늘어섰다. 기다렸다가는 참지 못할 것 같은 언니의 표정을 보고 곧바로 장애인 화장실을 찾았다. 길고 긴 줄의 맨 앞으로 가보니 장애인 칸은 비어 있다. 물론 지체장애인을 위한 공간이지만 이럴 땐 장애인 찬스를 이용할 수밖에 없다. 당장 큰 참사(?)가 일어날 수도 있으니.

"언니, 장애인 화장실 비어 있으니까 저기로 들어가."

나는 다른 비장애인들과 함께 줄을 서고 언니를 들여보냈다.

* * *

"죄송해요. 장애인이에요. 이해 좀 해주세요."

조카 돌잔치 뷔페에서였다. 언니는 다양한 음식을 무한정 먹을 수 있는 뷔페를 좋아한다. 그날도 음식에 정신을 못 차리고 그릇을 든 채 여기저기 날아다녔다. 주위 사람에게 신경을 잘 쓰지 않는지라 사람들 눈살을 찌푸리게 할세라 노심초사하며 언니 뒤를 따라다녔다.

아니나다를까, 스테이크가 눈에 띄자 놀라운 속도로 인파를 헤치고 앞으로 나아간다. 어떤 여자분의 어깨를 홱 밀치고도 모르고 그냥 간다. 나 같아도 화가 났으리라. 자칫 손에 든 접시를 놓치거나 음식을 떨어트릴 수도 있었다. 다행히 그분은 빈 접시를 꼭 쥐고 있었다.

"아!!!!!!!!!!!!!!!!"

그가 눈살을 찌푸린 채 살짝 목소리를 올리며 언니 쪽으로 고개를 돌렸다. 남이 아를 하든 어를 하든 언니 귀에는 들리지 않을 터. 오로지 스테이크만 보며 직진하는 언니는 밀쳤는지 어쩐지, 실례인지 아닌지도 모른 채 광속으로 시야에서 사라졌다. 순간 나는 본능적으로 여자분의 팔을 잡았다. '제가 해명할게요.'라는 표정을 지으면서.

"죄송해요. 장애인이에요. 이해 좀 해주세요."

"아아… 네."

"죄송합니다."

거듭 사과를 한다. 그분은 감사하게도 내 첫마디에 찌푸린 얼굴을 푼다. 몸짓과 말로 연신 괜찮다는 뜻을 전한다. 작은 이해와 배려가 너무나 고맙다. 상황은 종료되었다. 서로 얼굴 붉히지 않고 언니는 맛있는 스테이크를 손에 넣었고, 그 손님은 마음을 풀었다. 그럼에도 내 기억 속에서 사건은 끝나지 않았다. 남들에게 부딪히지 말라고 수없이 말했건만 예상대로 흘러간 상황, 예상대로 행동한 언니가 야속했다. 잠시나마 언니를 향한 찌푸린 눈살을 본 것도, '역시나' 하며 곧바로 사과하는 내 모습도, 굳이 장애인이라고 말할 필요는 없지 않았냐는 엄마의 말도 계속 되새겨졌다. 그 와중에도 언니는 서너 번이나 새 접시를 들고 출동했다. 하하하!

***

"저분 장애인일 수도 있어. 그냥 지나가자."

남편과 번화가를 지나다 누운 채 있는 힘껏 소리지르는 남자를 보았다. 술에 취한 것이 아니었다. 사람들은 수군대며 그를 피해 갔다. 우리도 적당한 거리를 유지하며 얼른 지나쳤다. 그의 행동을 문제 삼는 남편한테 이야기한다. 장애인일 수도 있다고.

***

"사람들이 물어보면, '장애인이에요. 도와주세요.'라고 이야기해, 언니."

언니한테 자주 하는 말이다. 장애인 할인을 받을 수 있는 곳에 갈 때는 복지카드를 꼭 챙겨주고, 위급한 상황이 닥치면 '장애인입니다.' 말하라고 한다. 타인에 대한 배려가 조금 뒤처질 수밖에 없기에 먼저 다른 사람의 배려와 친절과 이해를 구하라는 이야기다. 비장애인이었다면 하지 않을 행동을 했을 때에 대비하는 말이기도 하다.

스스로 해야 할 일, 혼자서도 해봐야 할 일을 할 때는 지켜봐주는 것도 필요하지만, 언니 혼자서는 처리하지 못하는 일, 비장애인처럼 생각하고 행동하지 못하는 경우가 있다. 우리 언니는 특히 도움과 관심이 필요하다. 도움을 요청하는 훈련도 필요하고, 요청하지 않았음에도 도움을 받는 상황에도 익숙해져야 한다. 그래서 또 한 번 신신당부한다.

나는 사람들의 배려가 좋다. 화가 날 법한 상황인데도 장애인임을 알고 오히려 미안해하던 여자분이 좋다. 벚꽃잎 흩날리는 관광지에서 언니와 눈을 꼭 맞추며 울 언니 귀엽다고 솜사탕을 돌려 돌려 산처럼 만들어 주신 아주머니가 고맙다. 음계도 모르는 언니를 흔쾌히 가르쳐주시고, 한 곡을 끝낼 때마다 함께 기뻐하며 연주 영상을 찍어 보내주시는 피아노 선생님이 좋다. 장애인도, 비장애인도 그런 작은 배려로 살아가는 것이 아닐까?

언니에겐
사회가 필요해

정해진 틀을 벗어나는 것이 두려운, 다 커버린 아이에게

 "주이가 안 올까 봐."

예전에 가족이 경상도에서 살다가 서울 쪽으로 이사 오면서 언니랑 떨어져 지낸 적이 있다. 그때 언니는 경주에서 특수학교에 다니며 학교의 전직 교장이었던 분이 운영하는 그룹홈에서 생활했다. 방학이나 명절이면 집으로 올라왔다. 이동 수단은 비행기. 그룹홈 선생님께서 울산 공항까지 데려다주시면 언니 혼자 비행기를 타고 김포공항에 내려 우리를 만났다. 당시에는 비행기 이륙 전 좌석에 앉기까지, 착륙 후 출구로 나오기까지 승무원이 동반해주는 서비스가 있었다. 항상 그 서비스를 이용했고, 언니도 익숙해서 별 문제는 없었다. 오히려 엄마, 남동생, 강아지까지 마중 나가 날 보며 달려오는 언니를 보는 것이 소소한 행복이었다.

그날은 차가 너무 막혔다. 도움을 주시는 직원분께 양해를 구하고 대기실 같은 곳에 언니를 앉아 있게 해달라고 부

탁했다. 공항에 도착해보니 착륙 시간에서 10분 정도 지나 있었다. 한 번도 늦은 적이 없었기에 엄마가 주차하기로 하고, 나는 차에서 내려 급히 뛰었다. 순전히 직원들께 폐를 끼칠 것이 마음에 걸렸을 뿐, 언니가 걱정돼서 뛰어간 건 아니었다. 하지만 도착한 곳에서 눈에 들어온 광경 앞에 얼어붙고 말았다. 오열하는 언니와 그 곁에 앉아 어쩔 줄 모르고 다 큰 어른을 달래는 직원 서너 분. 언니는 스물다섯 살이었다. 몇 년째 그 항공편을 이용했으니 낯선 환경도, 낯선 분위기도, 낯선 분들도 아니었다. 조금만 기다리라고 전화 통화까지 했다. 그럼에도 일상생활에 아주 작은 균열이 생긴 것을 참지 못하고 시장통에서 엄마를 잃은 어린아이처럼 울고 있었다. 너무 서럽게 울어서 나까지 눈물이 맺혔다.

"언니, 왜 울었어?"

"주이가 안 올까 봐."

낯설고 속상한 말이다. 왜 안 올 수도 있다고 생각했을까? 한 번도 그런 모습을 보이거나 그런 말을 한 적이 없다. 주위에서 친구들이 시설에 맡겨지고 가족들이 찾으러 오지 않는 광경을 여러 번 봐서 그랬을까? (생각 외로 꽤 많다.) 언니도 놀랐겠지. 늘 출구를 나오면 강아지를 안고 기다리던 여동생이 있었는데, 그날은 반겨주는 가족 없이 승무원을 따라 다른 곳으로 가게 되었으니 얼마나 놀랐을까? 그렇다고 내가 안 올 수도 있다는 생각을 하다니, 너무 속상했다. 몸은 다 컸지만 마음은 아직 네살배기 아이인 언니는 그렇다. 일상이 조금이라도 바뀌거나 예상에서 벗어나면 불안해서 안절부절못한다.

***

"주이가 옆에 있어줄게. 한 번 해봐."
"못 하겠어."

언니는 몇 번씩 연습하고도 카페에서 음료를 주문하라고 하면 못한다고 꽁무니를 빼곤 했다. 2002년부터 2014년까지 살았던 그룹홈에서는 비장애인을 만날 기회는 물론, 카페에 가서 그렇게 좋아하는 라떼를 먹을 기회도, 먹고 싶은 메뉴를 선택하고 주문할 기회도 없었다. 단체로 이끌려 간 '문화활동'이 다였다. 그래서 친절히 대해주는 비장애인을 좋아하지만, 어떻게 다가가야 할지 배울 수 없었을 것이다. 친구로든, 주문을 하든 누군가에게 의사를 전달하는 것 자체가 어려웠을 것이다. 언니는 카운터를 두려워했고, 종업원들을 낯설어했다.

***

2019년 초, 함께 산 지 5년 만에 일본으로 가족 여행을 다녀왔다. 일본 여행하면 디즈니랜드가 빠질 수 없다. 부모님과 남동생은 조금 격한 놀이기구를, 나와 언니는 아이들이 좋아할 만한 놀이기구를 타기 위해 헤어졌다. 줄 서서 기다리다 차례가 되니 직원이 몇 명이냐고 영어로 물었다. 나는 대답과 동시에 검지와 중지를 펼쳤다. 두 명이요! 다음 놀이기구에서 또 직원이 물었다. 언니는 무슨 뜻인지 눈치로 파악하고 내가 대답하기도 전에 두 손가락을 펼쳐 보였다. (두 명이요!)

세상에, 장족의 발전이었다! 엄마아빠를 만나자마자 언니가 눈치껏 두 명임을 나타내는 제스처를 취했다고 자랑을 했다. 그날 밤 우리는 언니의 엄청난 발전을 기리고자 맥주로 건배를 했다.

***

함께 산 지 십 년쯤 되었을 때, 인터넷에 떠도는 글을 보았다. 지적장애인과 그의 엄마가 키오스크에서 주문하는데 익숙지 못해 뒤로 한참 줄이 늘어섰다. 모자는 당황한 나머지 주문을 포기하려고 했지만, 시민들은 기꺼이 시간을 내주며 격려를 아끼지 않았다. 심지어 지적장애인 아들에게 자기 주문도 대신 눌러달라고 요청하는 사람도 있었다. 엄마는 감격해 눈물을 흘렸다. 기사를 읽으며 코끝이 찡했다.

키오스크는 고사하고, 대면 주문을 받는 곳에서도 언니는 주문을 끝내지 못한다. 정확히 말하자면, 뒤에 사람들이 늘어선 가운데 카운터 종업원이 언니의 다음 말을 기다리느라 눈을 동그랗게 뜨는 순간을 참지 못하고 내가 주문을 해버리는 것이다. 하지만 가끔은 작은 기적이 일어나, 그들이 언니의 다음 말이 이어질 때까지 미소를 지으며 고개를 살짝 끄덕이는 순간이 오기도 한다. 그럴 때면 나도 마음을 놓고 언니의 주문을 기다린다.

***

경주에서 올라온 지 십 년이 지났다. 언니는 엄마 가게에서 아르바이트생들과 친해져 비장애인 친구들을 사귀고, 가게에 드나드는 손님들을 지나치고, 버스와 지하철로 직장을 오가며 사회의 일원이 되었다. 아직도 낯선 일과 상황을 이해시키고 설득해야 하지만, 지금은 식당에서 원하는 것을 두려워하지 않고 말할 수 있다. 아직도 언니의 라테 주문을 끝까지 참고 듣기는 어렵지만, 혼자 단골집에 가서 김밥도 먹고 온다. 가족들이 놀랄 정도로 생각과 마음이 유연해지고, 독립성도 크게 늘었다. 언니가 조금 더 용감한 네살배기가 될 수 있었던 데는 물론 가족의 노력이 있었지만, 집 밖으로 나와 사회와 대중에 노출된 경험 역시 용기를 북돋았을 것이다. 사회가 언니를 가르친 것이다.

형편이 특수한 경우도 있지만, 언니처럼 일상생활이 가능함에도 사회 속에 있을 공간이 없어서, 갈 곳이 없어서, 동행해 줄 보호자가 없어서 아직도 사회로 나오지 못한 장애인이 많다. 사회가 두려워 스스로 자신을 가둔 사람도 있다. 그들의 손을 잡아줄 수 있는 사회가 되기를, 미소 지으며 고개를 끄덕여주는 사람이 많아지기를, 나는 소망한다.

나는 손이 덜 가는
아이가 아니었다

"나 일도 해야 하고, 할 게 너무 많아. 여노 어린이집에 시간을 조금 더 쓰자."

신혼부부가 많이 사는 동네라 그런가, 18개월이 되었는데도 국공립어린이집에 아이를 보낼 수 없다. 아직도 대기번호가 한참 밀려 있다. 그래서 아파트 앞 대형 국공립어린이집 시간제반에 미리 예약해 아기를 잠깐 맡기곤 한다. 평일에는 늘 밤 늦게 퇴근하고 아침에 일찍 나오니 엄마 코빼기도 못 봤을 아기에게 미안해서 금요일이 되면 시간 내어 돌보려고 한다. 그러나 월화수목 쉴 새 없이 일하는 것 같은데도 여전히 일이 남아있다. 체력이 버티지 못할 땐 남편한테 말한다. 금요일에 시간제반을 서너 시간 보내자고. 심지어 금요일에도 오전부터 오후까지 맡겨야 할 때가 있다. 그럴 때면 엄마가 한마디 하신다.

"나도 셋이나 키웠지만 한 번에 셋을 보낸 적도, 그렇게 오랫동안 보낸 적도 없다."

그러고 보니 내 기억에도 언니랑 함께 한 일이 많다. 똑같은 옷을 입고 나들이 가고, 방학 때 잠깐 열린 컴퓨터 학원에서 언니랑 같이 그림판 다루는 법을 배우고(당시에는 컴퓨터 자체가 희귀했다), 같은 유치원을 다녔다. 어린 시절의 팔 할은 함께 보냈다. 그런데 엄마는 내 기억과 다른 말씀을 하신다. 언니를 유치원 오전반에 보내면, 나는 오후반에 보냈다고 했다. 청소년기에 예민한 나를 보살피던 것과는 또 다른 엄마의 노력이었다.

'네가 엄마의 온전한 사랑을 느끼게 하고 싶어서 그랬지.'

손이 많이 가는 자녀가 있으면 다른 형제자매에게 신경을 덜 쓸 수밖에 없다. 우리 집에서 손이 더 가는 자식은 당연히 언니였고, 나는 알아서 잘 크는 자식이었을 테다. 그럼에도 엄마는 나와 언니를 함께 유치원에 보내 쉴 틈을 만들지 않았다. 한 아이를 오전반에 보내면 다른 아이를 품에 안고 오롯이 보살폈다. 장애가 있는 언니를 돌보느라 내게 소홀해질까 싶어 온전히 엄마의 사랑을 느낄 수 있는 시간을 냈다. 아빠는 1년에 360일을 일할 정도로 바쁜 회사생활을 했다고 하니, 어느 누구의 도움도 받지 못한 채 타지에서 우리를 그렇게 키운 것이다.

그럼에도 내 유년시절은 언니와의 기억으로 가득하다.

사람의 기억이란 불완전해서 정말 자기 기억도 있지만, 사진을 보며 떠오른 생각을 기억으로 착각하는 수도 있다고 한다. 어쩌면 나도 예전 사진을 보며 늘 언니랑 함께했다고 기억하는지도 모르겠다. '엄마'라는 건 참 어렵다. 엄마가 온전한 사랑을 주려고 그렇게 노력했어도, 난 엄마 말을 듣기까지 그 사실을 알아차리지 못했다. 엄마가 나를 얼마나 사랑했는지 기억하지도 못한다. 그래도 장애가 있는 언니 때문에 사랑을 많이 못 받았다거나 피해를 보았다고 생각해본 적이 없고, 그럭저럭 밝고 행복하게 잘 자랐다고 생각하니 엄마의 노력은 헛되지 않았던 셈이다.

언니와 나의
상관관계

언니에게 장애가 있다고 하면 사람들은 으레 우리 관계를 장애와 연관 짓는다. 장애인인 언니와 함께 자란 환경, 부모에게서 물려받은 유전, 타고난 기질, 이 모든 것이 합쳐져 나라는 존재가 되었다. 무엇이 더 크거나 작은 영향을 미쳤는지는 모르지만, 상관관계 100%의 결정 요인은 없다. 하지만 아무 말도 하지 않으면 그냥 '개인의 특성'이 될 것이, 언니의 장애를 밝힌 순간 내 모든 행동과 생각이 언니 때문이라고 단정지어진다. 이것이 가끔은 불편하다.

"아유, 넌 정말 이해심이 넓구나. 언니 때문이겠지."
이해하지 않아도 될 누군가의 행동을 애서 이해해보려고 하면 사람들은 언니가 장애인이어서 이해심이 깊다고 생각한다. 언니가 장애인이면 다 이해심이 깊은가? 물론 나는 특이하게 행동하는 사람을 보면 '지적장애가 있을까?'라거나 '장애인이구나.'라고 조금 편안한 시각으로 보려고 노력한다. 그건 언니의 장애 덕(?)일 것이다.

"언니 때문에 그렇구나. 봉사심이 투철하네."
대학원생 때 한동안 한 달에 한 번 보육원에 봉사를 갔는데, 그걸 본 친구가 내게 말했다. 우리 엄마는 대학에서 특수교육학을 전공했다. 언니가 태어나기 전이다. 내가 조금이나마 봉사하고 기부하는 것은 엄마와 언니의 영향이 조화를 이룬 덕일 것이다.

"주이는, 행복하려고 애쓰는 사람 같아요."
나는 '행복해', '너무 좋다'라는 말을 많이 하는 편이다. 남편은 꼭 그런 말을 해야 직성이 풀리느냐고 웃지만, 햇살 좋은 어느 날 창 넓은 카페에 혼자 앉아 커피를 마실 때처럼 사소한 일에도 '아, 좋다.', '너무 좋다!', '행복하다.'라고 말해본다. (화날 때나 짜증날 때도 감정을 말하고 표현하고 온몸으로 느끼는 건 좀 문제다.) 그런 모습을 보고 누군가는 억지로 행복해지려고 하는 것 같다고 한다. 긍정적으로 생각하려는 노력을 장애 언니가 있는 상황을 탈피하려는 몸부림이라 측은하게 바라보는 것이다. "주이는, 행복하려고 애쓰는 사람 같아요." 그리고 자연스레 언니 이야기로 이어진다. "혹시 언니가 장애인이어서 마음에 큰 짐이 있나요? 행복하지 않은 순간이 두렵나요?"

내가 어렸을 때부터 아빠는 긍정적으로 생각하기, 작은 것에도 소중함을 느끼기, 행복해하기 등을 몸으로, 행동으로, 말로, 사랑으로 가르쳤다. 아빠 가족들을 보면 분명 그런 성향은 유전일 것이다. 나는 난데 왜 내 행동과 말이 언니로 인한 것이라고 하는 거지? 예전에는 이런 물음이 괜스레 불편했다.

글을 쓰기 시작한 요즘, 잘 기억나지 않는 어린 시절로 거슬러 올라가 기억을 되살려보려고 애쓴다. 그러면서 불편하다고 생각했던 그 질문을 내가 스스로에게도 한다는 것을 알았다. 그런 질문을 당당하게 마주하고 객관적으로 생각할 줄 알아야 비로소 내가 완성된다는 것을 인정하기 시작했다. 그런 질문들은 아이를 키우는 데도 도움이 될 것 같다.

* * *

"혹시, 엄마의 표정이었을까?"

어린이집에 데리러 가면 여노는 활짝 웃으며 나를 반긴다. 한 번은 그 모습을 영상으로 찍어 엄마에게 보냈더니 전화가 왔다. 손자의 귀여운 걸음걸이와 표정을 칭찬하고 싶었던 것이다. 문득 생각이 났는지 내 어린 시절 이야기를 꺼내신다. 유치원에서 돌아올 때 다른 아이들처럼 밝게 웃지 않았단다.

"지금 보면 밝게 잘 웃는데, 어릴 적에는 눈만 땡그랗게 뜨고 무표정으로 엄마를 맞았어. 왜 그때는 잘 웃지 않았니?"

어릴 적 일이니 나도 모른다. 특별한 의도 없이, 우스갯소리처럼 반문해보았다.

"혹시, 그게 엄마의 표정 때문이었을까? 힘들어 보여서?"

내 표정이 언니의 영향을 받으리라고 생각해본 적은 없다. 그래도 엄마에게 상처가 되거나, 엄마가 미안해할까봐 조심스러웠다. 수화기 너머 표정이 보이진 않았지만 엄마도 내 말에 큰 의미를 부여하지는 않는 것 같았다.

"그러게. 그럴 수도 있겠네. 그때는 많이 못 웃었어, 내가."

한때 유행했던 성인 애착유형 테스트는 지금도 인터넷에 떠돈다. 그저 재미로 남편과 테스트를 해보았는데 생각지도 않은 결과가 나왔다. "불안정한 애착, 자기긍정-타인부정형." 불안점수는 낮으나 회피점수가 높았다. 타인을 피한다는 것이다.

"남들과 가까운 정서적 관계를 맺지 않고 지내는 게 편안하다."

"독립심과 자기 충족감을 느끼는 것이 나에게는 매우 중요하다."

"나는 남들에게 의지하거나 남들이 나에게 의지하는 것을 좋아하지 않는다."

실제로도 타인과 매우 가깝게 지내기보다 적당한 거리를 두는 편을 선호한다. 어려움을 타인과 나누면 힘든 사람이 둘이 된다고 생각한다. 나 자신을 잘 알기에 검사 결과가 의아하진 않았다. 놀란 건 이런 성향이 안정적 애착유형이 아니라 불안정 애착유형이라는 거다. 내 성향이 불편하지 않기에 노력해서 바꾸고 싶지는 않다. 특히 타인부정형 성향은 엄마와 매우 비슷한 것 같기도 하다.

이 글을 쓰다가 나와 언니를 연관 지어 본다. 어쩌면 가까운 사람들이 뒤에서 언니에 대해 수근거리는 것을 듣고 불편했던 경험이 타인부정적 성향을 키웠을까?

✱✱✱

엄마는 여노에게 동요를 많이 들려주라고 하신다. 듣기와 집중력을 길러준다는 것이다. 그러면서 꼭 뒤에 내 이야기를 덧붙인다.

"넌 어렸을 때부터 리스닝이 잘 안 됐어. 듣기가 잘 안 되니 집중력이 약했어. 선생님들이 그런 이야기를 할 때 얼마나 놀랬는지 아니?"

예전에 TV 프로그램 〈영재발굴단〉에서 상위 0.6%에 든다는 아이를 보았다. 더 놀라운 건 부모의 점수였다. 엄마가 상위 0.1%, 아빠가 0.05%였다. 청각장애인인 부모는 아이의 입모양을 보며 의사소통을 하는데, 책을 읽고 말하기 좋아하는 아이를 이해하기 위해 30분간 눈을 떼지 않고 입모양을 쳐다본다고 했다. 전문가들은 그런 부모의 행동이 아이의 안정감, 호의적인 상황 해석, 사회적 센스, 적응력을 키웠을 것이라 했다. 거기서 감명받은 나는 여노가 알아듣지도 못할 옹알이를 하거나 이상한 말을 해도 계속 입모양과 눈을 쳐다보려고 노력한다. 어느 날 이런 생각이 들었다. '장애가 있는 언니를 돌보기 바빠 엄마가 내 얼굴과 눈을 좀 덜 쳐다봤을까?'

우리 언니가
진짜로 귀여워서 저러나?

30년 전에도 지금도 언니는 네 살

엄마 생신 날 아침에 아빠가 카톡으로 영상을 하나 보냈다. 전날 언니와 통화하면서 엄마 생일선물을 준비했냐는 내 물음에 언니는 답했었다. "고민 중이야!" 하룻밤 고민 끝에 언니가 생각한 생일선물은 모닝 뽀뽀! 참 귀엽다. 어렸을 때는 언니를 귀엽다고 생각해 본 적이 없다. 오히려 언니를 귀여워하는 사람을 보면 의아해 그 의중을 파악해보려고 했다.

***

"우리 모델 놀이하자."

초등학교 1학년 때였다. 앞 동 사는 친구의 사촌언니가 놀러 와 모델 워킹 놀이를 하자고 했다. 언니랑 같이 있었기에 함께 놀이에 참여했다. 꼬마 아가씨들이 모델처럼 걷

는답시고 당차면서도 뒤뚱뒤뚱한 걸음걸이를 시전할 때, 우리랑 몇 살 차이 나지도 않는 친구 사촌언니는 우리 언니가 워킹 시늉만 해도 귀여워 어쩔 줄 몰랐다.

"선쁘 정말 너~~~~무~~~ 귀엽다."

"너~~~무 잘해~~~~"

칭찬일색이라 궁금증이 일었다. '우리 언니가 진짜로 귀여워서 저러나?' '보통 사람들은 그렇게 생각 안 할 텐데.' 어린 소녀의 눈으로 본 언니는 귀엽지 않았다. 외모나 행동이 전혀 귀엽지 않은 언니를 처음 본 타인이 귀여워한다니 신기하기도 하고 이상하기도 했다.

***

"아, 언니 진짜 너무 귀여워!"

나랑 제일 친한 친구 중 하나인 정환이(가명)는 중고생 때부터 아이들과 장애인을 좋아했다. 그래서 부담 없이 언니 얘기도 많이 하고, 같이 놀러 가자는 부탁도 더러 했다. 만날 때마다 정환이는 퉁퉁하고 갈라 터진 언니의 손을 붙잡고 너무 귀엽다는 말을 연발했다. 어린 마음에 친구가 언니에게 애정 어린 말을 건네는 것이 고마운 한편 의아했다. '정말 귀여운가? 혹시, 나를 위해 해주는 말일까?' 친구가 아이를 낳으면 일단 '귀엽다, 이쁘다, 잘생겼다.' 하고 보는, 의례적인 인사 같은 것. 사회적인 언어. 그런 건가?

그랬던 나도 나이가 들면서 점차 언니가 귀엽다. 아기를 키우는 요즘 더 그런 생각을 한다. 어린 시절의 나에게 언니는 조금 손이 많이 가는, 도와주어야 하는, 도움이 필요한 사람이었다. 조금 커서는 나 크느라 바빴지 옆을 볼 여유가 없었다. 언니랑 떨어져 살았고 가끔 만나면 '원장님이 (너무 엄격해서) 무섭다.', '민정이 (특수학교 친구) 보고 싶다.', '내 생일이 언제야?', 'GOD 손호영 좋아. 김종국 좋아.'라는 말만 했다. 당시 언니는 말과 표현이 다양하지 않았다. 어쩌면 많은 말을 했지만 내가 여유가 없어 마음에 담지 못했을지도 모른다.

이제는 어른의 여유가 생겼을까? 그래서 언니의 표정이 눈에 들어오기 시작했을까? 지금은 언니가 내 딸처럼 귀엽다. 어렸을 때는 같이 자랐지만, 언니는 계속 어린 채로 남아있다. 나는 나이 들고 컸어도, 언니는 네 살에 머물러 있다. 내가 스무 살 때도 언니는 네 살이었고, 내가 서른 중반이 되었는데도 언니는 아직 네 살이다. 나 혼자 커버렸다.

이제 정말 언니가 내 딸 같고 귀엽다.

내가 먼저
존중하기

 "우리가 선쁘를 많이 아껴줘야지"

우리 남매가 언니를 대하는 태도와 행동에 가장 큰 영향을 미친 건 부모님의 가치관이다. 부모님이 언니를 대하는 모습을 보며 자란 나는 특별한 교육 없이도 자연스레 언니를 존중하고 사랑해야 한다는 걸 배웠다. 엄마는 항상 말씀하셨다. "우리가 언니를 존중하고 아껴야 새 가족이 될 너희들의 배우자도 언니를 존중하고 사랑하지 않겠니?"

피 한 방울 섞이지 않은 내 남편이나 사촌들의 새언니, 형부가 저절로 언니를 가족으로 받아들이고, 친절하게 대하고, 존중하기를 바란다면 욕심이다. 정말 감사하게도 모두 심성이 착하고 배려가 깊어 언니에게 진심으로 잘해주지만 부모님, 나, 남동생의 역할이 큰 건 엄연한 사실이다. 내가 먼저 존중과 배려, 사랑을 담아 진실된 마음으로 언니를 대하면 남편과 아이들, 새로운 가족들도 자연스레 같은 마음을 갖고 행동한다는 것이 부모님의 믿음이었다. 사실 나는 내가 먼저 언니를 존중해야 한다는 말을 듣기 전에 몸소 겪고 배웠다.

***

"그럼 그렇지."

초등학교 1학년이었다. 친구들과 함께 숙제를 하기로 하고 집에 데려왔다. 집에는 언니가 있었다. 내게 친구들이 있다는 것, 그 친구들을 집으로 데려와 함께 공부를 한다는 사실을 무척 부러워했던 언니가 큰 관심을 보일 것이 눈에 훤했다. 집에 들어오자마자 친구들을 내 방으로 안내했다. 당시에도 눈치가 빠삭했던 어린 시절의 나는 언니가 부러워한다는 것을 알아챘다.

아니나 다를까, 언니는 수없이 방 문을 여닫았다. 내 친구들과 친해지고 싶었는지, 나를 도와주고 싶었는지 언니는 수시로 들락날락하며 요청하지 않았는데도 필요한 게 무엇인지 살펴보고 물건들을 가져왔다. 신경 쓰이고 조금 번거로웠지만 들어오지 말라고는 하지 않았다. 언니가 상처받을 걸 알았으니까. 잘 기억은 안 나지만 그러다 테이블에 무얼 쏟았다. 내가 휴지를 찾는 기색을 보이자 언니는 재빠르게 뭔가 닦을 것을 가져왔다. 걸레였다. 함께 온 친구는 행주인 줄 알고 언니에게 고맙다고 했다.

"고맙긴, 이거 걸레야."

"그럼 그렇지."

행주가 아닌 걸레라고만 했어도 되는데 우스갯소리랍시고 '고맙긴'이라 했고, 친구는 화답을 한 꼴이 되고 말았다. 그 말이 내게 비수로 꽂혔다. '그럼 그렇지'라는 소리는 두 살 많지만 한없이 부족한 언니에게 부모님도 나도 해본 적이 없었다. 여덟 살이었지만 그때 깨달았다. 우스갯소리라도, 장난이라도, 언니를 우습게 보이게 해선 안 된다는 걸.

보호본능

'언니 빨리 숨어!!! 조용히 해야 돼!!!'
'...'

아직도 생생한 꿈이다. 티라노사우르스 크기의 공룡이 느릿느릿 아파트 옆을 지나갔다. 거실 창으로 공룡의 매서운 눈빛이 보였다. 공룡이 헤집고 간 도시는 분명 시끄럽고 혼잡해야 하는데 쥐 죽은 듯 조용했다. 들키지 않으려면, 가족을 살리려면, 숨도 쉬지 말고 조용히 숨어 있어야 했다. 무서워서 심장이 벌렁거리던 그 순간, 언니가 무섭다고 울어버렸다. '주이'를 외치며! 그 서슬에 꿈에서 깼다.

외계인의 침공에 언니를 데리고 도망치는 꿈, 쓰나미를 피해 바닷가를 달리는 꿈, 전쟁통에 피난 가는 꿈, 어딘지도 모를 곳에 숨어야 하는 꿈. 온갖 꿈 속에서 나는 항상 언니의 손을 잡고 있었다. 어릴 적에는 이런 악몽에 시달렸지만, 어느 순간부터 꾸지 않게 되었다. 내용이 어떻든 금방 잊고 말았고, 기억한들 큰 의미를 부여하지 않았기에 딱히 누군가에게 얘기하지도 않았다.

'어, 누나도? 나도 그런 꿈 많이 꿔. (웃음) 큰 누나 데리고 피난 가는 꿈! 도망가는 꿈!' 서른이 넘어서 남동생과 어쩌다 악몽에 대한 이야기를 나누었는데 동생도 그런 꿈을 많이 꾸었다고 했다. 신기한 일이다.

* * *

다섯 살이었던 것 같다. 부모님이 말을 듣지 않는 언니를 현관 밖 복도로 내쫓은 적이 있다. (지금은 이런 행위가 아동학대로 분류되지만, 당시에는 흔한 일이었다.) 언니가 밖으로 쫓겨났다는 말을 듣고 힐레벌떡 현관문을 열고 나갔다. 언니는 내복을 입은 채 문 앞 계단에 쪼그리고 앉아 울고 있었다. 나도 언니 옆에 앉아서 같이 울었다. 왜 엄마한테 혼났는지는 묻지 않았다. 물어도 제대로 된 대화가 오가지 못할 테니까. 언니가 내 질문을 못 알아듣거나, 알아들어도 '왜' 혼났는지를 말하지 못할 테니까. 그래서 그저 같이 울었다.

부모님은 언니가 어떤 장애인지, 나는 어떻게, 얼마나 언니를 도와야 하는지 자세히 말해주지 않았다. 그런데도 어린 나는 언니가 도움이 필요한 사람임을, 어른도 아니고 심지어 동생인 나의 도움일지라도 필요하다는 것을 알고 있었다. 단순히 자매의 정일지도 모르지만, 난 언니를 보호해야 한다고 생각한 것 같다. 엄마가 말해주지 않아도 아주 어린 시절부터 알았다. 언니가 남들과 다르구나, 나와도 같지 않구나. 눈치가 빨랐거나 언니의 외모가 달라서였을 것이다.

최근에 호기심으로 왜 언니의 장애를 설명해주지 않았냐고 엄마한테 물었다. 설명하는 순간 언니를 손이 가야 하는 존재, 나보다 약한 존재로 인식하고, 언니를 도와야 한다는 부담을 줄까 싶어 일부러 이야기하지 않았다고 했다. 그럼에도 나는 나와 다른 그 존재가 연약하고 나의 돌봄과 보호가 필요하다는 것을 눈치챘던 것이다.

어릴 적 기억이 많진 않지만, 기억 속에서 나는 항상 언니 손을 잡고 다녔다. 지금은 정말 많이 좋아졌지만 함께 거리를 걷다 보면 여기저기서 언니를 힐끔힐끔 곁눈질하거나, 심지어 빤히 쳐다보기도 했다. 그럴 때면 어린 나는 그 무례한 사람의 눈을 더 빤히 쳐다보았다. '봐, 당신도 이렇게 쳐다보면 기분 나쁘지?' 하는 심정이었을까? 사람들의 시선에서 언니를 보호하고 싶었을까?

아기를 낳고 나서 다시 꿈을 꾸기 시작했다. 휴양지에서 몰려오는 쓰나미에 아기를 둘러 업고 혼비백산해 도망가는 꿈이다. 남편은 상상력이 풍부하다고 농담을 한다.

언니는 상황 판단이나 이해력이 높지 않고, 몸도 재빠르지 않아 비상시에 이해시키고, 함께 뛰어 도망치기는 너무 힘들 것이다. 그걸 알기에 가끔 비상 상황을 머릿속으로 그리고 시뮬레이션을 돌려본다. 그런 생각이 꿈으로 발전되는 건 남편 말처럼 상상력이 풍부한 탓도 있겠지만 남동생과 나누었던 꿈 이야기를 돌이켜 보면, 그리고 아기를 키우면서 비슷한 꿈을 꾸는 걸 보면, 언니에 대한 책임감과 부담이 꿈으로 표현된 것일지도 모른다.

부모님은 내게 어떠한 의무나 부담도 주지 않으려 노력했지만, 나도 모르게 언니에 대한 보호심과 책임감을 내면에서 키워 왔나 보다. 나보다 약한 사람을 도와야 한다는 인간애이거나 이타심이거나, 부모님이 언니를 대하는 모습을 보면서 배웠을 수도 있다. 그럼에도 가끔씩 부모님은 말씀하신다.

"너는 가르쳐준 적도 없는데 언니한테 마음을 많이 썼어. 어린 나이에도 언니를 책임지려고 했어. 그래서 고맙고 미안해."

부모님은 나와 동생이 그런 꿈을 꾸는 것이, 내가 자연스럽게 언니의 보호자 역할을 하려 했다는 것이, 어린아이가 언니를 돌봐주려 했다는 것이 마음 아프단다.

부끄러울 수도
있지

엄마는 말로 표현하진 않았지만 나를 알아줬다

 "야, 어떤 여자가 A동 앞에서 운다."

초등학교 1학년이었다. 그 말을 듣자마자 언니임을 직감해 A동 앞으로 달려갔다. 언니가 눈이 시뻘게지도록 허공을 향해 통곡하고 있었다. 도어록이 없던 시절, 엄마는 열쇠를 경비실에 맡기고 외출했다. 특수학교에서 돌아온 언니는 문이 잠겨 있으니 당황해 경비실이 아니라 집 바로 옆인 동생의 학교로 찾아온 것이다. 그때 언니는 내가 몇 학년 몇 반인지는커녕 내 이름 석 자도 제대로 부르지 못했다. 휴대폰이 없었음은 물론이다. 오래 전이라 부랴부랴 달려간 기억만 있을 뿐, 일이 어떻게 수습됐는지는 잊었다. 하지만 말을 전해 들은 엄마의 반응은 지금도 또렷하다.

"엄마, 언니가 열쇠 없어서 우리 학교에 찾아왔어. 엄청 울었어!"

"선쁘야, 열쇠가 없다고 주이 학교에 찾아가서 울고 그러면 안 돼."

8살짜리 여자아이가 부끄러워했으리라 짐작했는지, 당시 상황을 전하는 내 표정을 보고 당황했는지, 혹시 혼자 학교에 찾아갔다가 봉변(?)을 당할까 걱정되었는지 엄마는 단호했다. 그 다음부터 언니는 내가 다니던 학교에 다시 오지 않았다.

***

중학교 2학년 즈음이었다. 수학여행을 다녀와 해산하는 길에 아빠가 나를 데리러 온다고 했다. 아빠를 반기며 간 곳에는 아빠, 남동생, 그리고 언니가 같이 있었다.

"아빠, 다 같이 오지 말지…"

직설적으로 하지 않았을 뿐 아빠가 상처받을 수 있는 말이었다. 전교생이 있는 곳에서 언니와 같이 가는 모습을 보이기 싫다는 뜻이었으니까. 학교에서 집까지 멀지 않은 길을 넷이서 걸으며 짧은 시간 동안 많은 생각을 했다. 그런 말을 한 나 자신이 부끄러웠다. 상처받았을지도 모를 아빠한테, 언니한테 미안했다. 언니를 부끄러워하지 않는 남동생이 부러웠다. 집에 도착해 그 시간이 빨리 지나가기만 바랐다.

***

고등학생 때였다. 언니랑 같이 아파트 앞을 지나는데 같은 반 친구를 보았다. 인사를 나누면 언니는 누구냐고 물어볼 게 분명했다. 친구가 돌아보지 않기를 속으로 바랐다.

(친구) "안녕"

나의 바람과는 다르게 눈이 마주치고 말았다.

(선쁘) "(얼굴을 들이밀며) 누구야?"

(주이) "응, 언니. 내 친구야. ○○야, 우리 언니야"

언니는 예상대로 그 친구에게 누구냐고 물었고, 나는 친구 대신 대답했다. 그리고 친구한테도 순진무구한 얼굴의 다운증후군 소녀가 내 언니임을 말해주었다.

***

언제였는지 모른다. 해변가였다. 나랑 같이 화장실을 찾아 달리던 (정확히는 빠르게 걷던) 언니가 무척 급했던지 갑자기 바지를 내리고 주저앉아 소변을 누었다. 당황해서 튜브로 가리긴 했지만 다 가리지는 못했다. 지나가던 애기 아빠가 그 모습을 봤다. 찡그리거나 불쾌한 기색은 없었다. '아니, 이런 일이' 정도의 표정이랄까? 그래도 너무 부끄러웠다.

　　　　　　　　＊ ＊ ＊

　스무 살 때였다. 엄마아빠가 야외에서 가족이 모두 고기를 구워 먹자고 했다. 싫다고 했다. 내가 다니던 대학교 학생들이 많이 모이는 곳이었기 때문이다. 부끄러웠다. 언니 때문에 부끄러웠고, 부끄러워서 싫다고 했던 내가 부끄러웠다. 친구들 앞에서 언니와 있는 모습을 보이고 싶지 않다는 생각이 수치스러웠다. 언니를 부끄러워할 필요는 없다고, 그런 감정을 가지면 안 된다고 마음속으로 되뇌었지만, 그때 나는 여전히 그 정도 밖에 안 되었다.

　　　　　　　　＊ ＊ ＊

　가족이 장애인이어서, 상황과 분위기에 적절한 행동을 취하지 못해서, 장애 가족을 부끄럽게 생각해서 나는 늘 부끄럽고 창피했다. 그러나 지금 나는 건강하다. 역설적이지만 성인이 되어 그런 마음을 극복하게 된 건 "언니를 부끄러워하면 안 돼."라는 말을 부모님께 들어본 적이 없어서일지도 모른다.

엄마는 나와 남동생이 사춘기를 잘 보내고 학업에 집중할 수 있게 언니와 다른 학교에 보내고, 나중에는 언니와 떨어져 생활하게 했다. 그렇다고 "부끄러워해도 돼. 엄마는 다 알아."라는 말도 들어본 적 없다. 이게 교육 이론상 맞는지는 모르겠지만, 중요한 건 이론이 아니라 서로 이해하는 것이다. 엄마는 어쩌면 내가 언니를 부끄러워할지도 모른다고 생각했으리라. 그래서 그런 상황을 미리 피하거나, 내 마음을 알아줬다. 말로 표현하지 않았어도 엄마의 공감과 이해를 느낄 수 있었다.

***

스무 살 넘어서였다. 친한 언니와 이야기를 나누던 중 어쩌다 친언니가 다운증후군이라는 말이 나왔다. 친한 언니는 "그런 말을 서슴없이 꺼내다니 넌 정말 좋은 사람 같아. 널 더 좋아하게 됐어."라고 했다. 매체나 SNS에서 '장애를 가진 가족이 부끄럽지 않았다.'고 하는 분들을 종종 봤다. 그런 말을 듣고 '장애가 있는 가족을 부끄러워하지 않아야 한다.'라든지, '부끄러워하지 않아야 좋은 사람이다.'라고 생각하지 않았으면 한다. 장애인 가족을 부끄러워하지 않는 것은 '당연한' 일이 아니다. 우리도 모르게 그것을 당연하다고 생각하는 것이 장애 가족에 대한 또 하나의 편견일 수 있다.

적당한 자존감과
관계의 법칙

"왜 자꾸 공부, 공부하는 거야? 정말 짜증나!"

사춘기가 한창일 때, 엄마와 참 많이도 싸웠다. 이유는 늘 사소했다. 한 번은 엄마가 언니 이야기를 꺼냈다. 엄마와 나의 싸움에 언니 이야기가 끼어든 것은 그때가 처음이자 마지막이었다. "너의 삶에, 배우자를 만날 때 언니가 걸림돌이 되지 않게 공부하라는 거야."

처음이었다. 엄마는 내 앞에서 단 한 번도 '언니 때문에' '언니를 위해서'라는 말을 한 적이 없었다. 당시 나는 왜 언니가 내 삶에 걸림돌이 되는지조차 이해하지 못했다. 지금 돌아보면 아마 사회의 삐딱한 시선에 내가 기죽지 말기를, 곧추어 반듯이 서기를 바라는 엄마의 마음이었을 것이다.

"야~ 주이. 오랜만이다. 왜 연락이 안돼?"

"오랜만이네~"

"그래, 연락 좀 하고 지내자."

"다들 바쁘잖아~ 잘 지내고~ 행복해라~~~"

연락이 끊겼다가, 정확히 말하자면 연락을 끊었다가 우연히 만나게 된 친구였다. 연락하고 지내자는 말에 미소를 띠며 헤어졌다. 중학생 때, 내가 학원 차에서 내려 시야에서 사라지자 베프였던 그는 다른 친구들에게 속삭거렸다. "야, 쟤네 언니 장애인이래(웃음)."

그 자리에는 나랑 친한 친구도 많았다. 나중에 그 일을 전해 들은 나는 사춘기이기도 했지만, 한치의 망설임도 없이 그 친구와의 관계를 끊었다. 이유도 말해주지 않았다. 이게 내 관계의 법칙이다. 감사하게도 나의 특별한 언니를 특별한 시선으로 바라보는 친구가 그렇게 많지는 않았다. 신랑을 만나 결혼할 때까지 시댁에서도 언니를 가족으로 생각하지 않는 분은 없었다. 그 또한 나도 모르게 그런 사람을 철저히 배제해왔기 때문일지 모른다.

가끔 언니의 장애가 결혼에 시련이 되지 않았는지, 상대에게 그 사실을 어떻게 밝혔는지 궁금해하는 사람도 있다. 언제 어떻게 알았는지 몰라도 자연스럽게 언니의 존재가 남편에게 알려진 것 같다. 남편이 대충 짐작은 하고 있으리라 생각했지만, 늘 상황을 명확하게 정리하기를 좋아하는 나는 굳이 확인해주었다.

"우리 언닌 장애가 있어. 다운증후군이야."

아무 맥락도 없었던 건 아니고, 우연히 언니 얘기가 나왔던 것 같다. 반응은 짐작대로였다.

"알고 있어."

"어떻게 알았어?"

"통화하는 거 보고 알았지. 보통의 언니랑 대화하는 모습은 아니길래."

"응, 그래."

일부러 언니 이야기를 꺼내지는 않지만, 대화 중에 언니 이야기가 나오면 숨기지도 않는다. 어찌됐든 남편이 자연스레 알았구나 하고, '응, 그래.'라고 대답했다. '그래도 괜찮아?'는 아니다. 괜찮냐는 물음은 필요치 않다. 안 괜찮다면 연애를 지속하지 않을 테지만, 애초에 그럴 사람이었다면 만나지도 않았을 거니까. 나를 사랑할 사람은 나의 언니도, 가족도 사랑해줄 수 있고, 나의 언니와 가족을 사랑해줄 수 있는 사람은 나를 사랑하리라 생각했다. 둘 중 하나라도 어긋난다면 내 가치관에 맞지 않았다.

언니 이야기는 남편이 시부모님께 전해드렸다. 시부모님을 만날 때 두렵거나 걱정되진 않았다. 남편이 좋은 사람이었기에 시부모님도 그러시리라 생각했다. 아니나 다를까,

시어머니는 언니를 처음 만난 날 '언니네, 반가워요.'하고 따뜻하게 맞아주셨다. 아직도 그 추운 날 어머니가 언니의 두 손을 꼭 잡던 장면이 잊히지 않는다.

자라는 동안 부모님의 전폭적인 지지와 보살핌 속에서 생겨난 적당한 자존감 덕분에 나는 건강하고 강한 사람으로 컸다. 주위 환경에 크게 연연하지 않았다. 관계를 이어갈 목적으로 언니를 숨기지 않았으며(숨기고 싶은 순간이 없었던 건 아니다), 언니를 사랑하기에 모욕하는 사람과는 가차 없이 연을 끊었다. 잘잘못을 따지기에 앞서 그게 내 관계의 법칙이고 행복 추구 방식이다. 언니를 걸림돌이라 생각한 사람들과 만나지 않았고, 언니가 걸림돌이 될 만한 상황을 만들지 않았고, 언니는 내게 걸림돌이 되지 않았다. 사춘기 시절, 엄마의 걱정은 기우였던 셈이다.

후기 1

글을 쓰고 난 후, 남편에게 전화로 또 물어보았다.

"오빠, 오빠는 내가, 언니가 장애인이라고 얘기했을 때 어땠어?"

"응? 음… 주이 언니한테 장애가 있구나~ 했는데?"

"무슨 생각했어?"

"응? 음… 생각…을 해야 하는 건가? 왜, 무슨 생각을 해야 하는데?"

(사람 자체가 단순함)

남편의 마지막 말 한마디를 듣고 빵 터졌다. 딱히 어떤 대답을 기대한 건 아니었지만, 남편 말을 듣고 보니 갑자기 질문 자체가 이상하다는 생각이 들었다. 그때는 고맙다는 생각도 못했지만, 아무렇지 않게 언니를 받아들이고 '특별하다'는 생각조차 하지 않은, 단순하고 순진무구한 남편이 너무 고맙다. 남편이 한마디 덧붙였다.

"주이. 그때 아무 생각도 들지 않은 건 사실이지만, 부모님께는 어떻게 이야기해야 하나, 부모님은 어떻게 생각하실까를 걱정하긴 했어. 우리 엄마도 처음에는 '너 괜찮겠냐?'라고 물으셨어. 가족의 장애가 분명 결혼에 있어서 걸림돌이 될 수 있어. 그걸 부정할 순 없지. 우리에겐 그렇지 않았던 것뿐이야."

후기 2

이상한 자존심 때문에 이상한 관계의 법칙을 만들어 친구나 지인과의 거리를 정했다. 이 글을 동생에게 먼저 보여준 순간, 그 반응에 또 부러워졌다. 언니와 관련해서 나는 그의 단순한 사고방식이 항상 부러웠다.

"나는 사람 관계에서 누나를 의식하진 않았던 것 같아. 그렇다고 '우리 누나 장애인이다'라고 말하지도 않았어. '이 사람이 우리 엄마고, 여자야~' 이렇게 이야기하진 않잖아. 나한테는 그런 느낌이었어. 친한 친구면 자연스럽게 알게 되는 그냥 가족."

부모님에게 나는
아픈 손가락 중 하나

내가 쓴 글들을 부모님께 읽어봐달라 했다. 댓글도 남겨주고, 따로 피드백도 달라 했다. 언니와 관련된 글을 부모님께 보여준다는 것이 굉장히 부끄럽기도 하고, 엄마아빠가 어떤 생각으로 그 글을 읽으실지 명확히 알았기에 많이 망설였다. 그래도 어차피 책을 쓰기로 했으니, 엄마아빠도 읽게 될 것이 아닌가. 무슨 생각을 하실지 궁금하기도 했고, 읽을 만한지 묻고 싶기도 했다.

글을 보내고 하루가 지났는데도 답이 없다. 다시 카톡을 보냈다. 왜 피드백이 없는지 물으니 마음이 너무 아프고 찡하다고 한다. 부모님에게 상처가 되거나, 마음 쓸 일이 생기지 않을 글만 보냈는데도 그랬다. 부모님은 내가 어렸을 때부터 언니를 늘 잘 챙겼다고 하시면서도 언니를 생각하는 마음의 깊이라거나, 언니를 생각해야 한다는 사실 자체를 글로 마주하니 괜스레 미안했을지 모른다. 다른 아이들

은 갖지 않아도 될 부담을 주었다고 생각했을 것이다. '아, 이게 부모의 마음이구나!'

언니의 구독자 중 한 분(편의상 A 씨라고 하겠다)의 다운증후군 동생이 우리집 근처 카페에서 일을 한다기에 가보았다. 그곳에서 A 씨의 어머님을 뵈었다. 바쁘신 중에도 내가 찾아온다는 말을 듣고 시간을 내신 것이다. 전에 A 씨를 만났을 때는 아무래도 장애를 가진 동생이 급한 일이 생기거나 부모님께서 바로 대처하지 못해 도움의 손길이 필요할 때를 대비해 친정 근처에 신혼집을 마련하고 싶다 했다.

반면 A씨의 어머님은 먼 곳에 신혼집을 구하길 바란다고 하셨다. 그간 동생에게 심적, 시간적, 물질적으로 애를 많이 썼으니 결혼한 후에까지 그렇게 해선 안 된다고. 나도 부모님 댁 근처에 살고 싶었다고 했더니 독자적으로 사는 게 좋은 거라고, 잘했다고 하셨다. "아니에요. 아주 잘하셨어요. 멀리 멀리 떨어져 살아요. 행복한 가정 꾸려요."

장애인 아이를 흔히 아픈 손가락이라 한다. 하지만 부모에게는 장애인 아이와 같이 자라는 형제, 또다른 손가락도 함께 아프다. 더 아프고 덜 아프고의 차이지, 안 아픈 손가락은 없다. 그게 부모인가 보다.

시도 때도 없이 울리는
그녀의 전화

퇴근길에 항상 언니한테 전화를 한다. 심심하기도 하고, 전화를 기다리는 언니를 위한 배려이자, 시도때도 없이 걸려 오는 언니의 전화 횟수를 줄이기 위한 방패(?)다. 그래도 언니는 전화를 자주 한다. 아무 때나! 언니는 정오 즈음에 카페 일을 끝내고 집에 간다. 그동안 거의 나흘에 세 번꼴로 전화를 건다. 점심시간만이면 다행이게? 피아노를 끝내고 집에 가는 3시, 콩이를 산책시키는 5시, 갑자기 궁금한 게 생기면 언제나, 전화를 한다.

"여보세요? 주이, 통화 돼?"

"언니, 월화수목요일은 주이가 일하는 시간이어서 전화는 밤에만 하자. 하지만 지금은 통화할 수 있어."

"어~ 미안해 주이. 지금 통화 괜찮아?"

개인 연구실이 따로 있고 업무시간에도 통화가 비교적 자유롭기는 하지만, 누구나 그렇듯 일하는 시간, 사람들과 어울리는 시간, 공부하는 시간을 방해받는 건 싫다. 그리 착하지 않은 나는 언니 전화를 곱지 않게 받을 때가 종종 있다. 그래도 얄팍한 배려로서 좀 더 부드럽게 '전화하지 말랬지.' 하거나, 세 번 중 한 번 정도 전화 시간과 횟수를 상기시킨다. 급하면 거절도 하는데, 그러다 정말 긴급한 전화를 놓칠까봐 수없이 걸려오는 언니의 전화를 되도록이면 받으려고 노력한다.

다음날, 또 전화가 온다.

"주이, 미안한데, 통화 돼?"

언니는 주이의 업무시간에 전화하는 것이 '미안한' 줄은 알지만, '왜' 미안한지는 모르는 듯하다. 다음날, 또 전화가 온다.

"주이, 바빠?"

"응 언니, 주이 지금 일하고 있어."

"어~ 콩이가 산책하는데~ 많이 짖었어~"

어떤 날은 일한다고 해도 대답은 중요치 않은지 자기 할 말만 주절주절 이야기하고 끊는다. 이번엔 명확한 지침을 정해야겠다! 금방 잊고 만다. 그리고 어김없이 바쁠 때 전화가 온다.

"주이, 통화 돼?"

"응, 언니. 지금 바빠. 전화 안 돼. 이따가 전화 줄게."

명확히 안 된다고 하고, 나중에 전화해주겠다는 약속까지 했다.

"응, 주이 미안해. 이따 전화하자~."

그제서야 언니의 의지가 한 풀 꺾인다. 짧은 통화 받아주는 것이 뭐 그리 어려운 일인지, 나는 그새 언니 전화를 빨리 끊는 법을 터득한 것이다.

언니처럼 나도
친구가 필요했다

주위에 여러 모로 도움을 준 친구들이 많다. 장애인에 관심도 많고 사랑도 많은 A는 이제 특수학교에서 일한다. B의 동생은 발달장애인이다. 중학생 때부터 친해 언니 이야기를 터놓고 할 수 있는 C도 있고, GOD를 좋아하는 언니를 위해 함께 콘서트장에 가준 D, E, F들도 있다(물론 그들도 엄청난 GOD의 팬이었지만). 나와 언니에게 뭘 해주지 않아도 좋다. 언니를 알고, 안부를 먼저 물어주며, 언니에 대해 마음껏 이야기할 수 있는 존재가 있다는 것만으로도 의지가 되고, 도움이 된다.

장애 어린이를 위한 교육과 인프라가 매우 필요한 것도 사실이지만, 비장애 형제를 위한 자원 또한 부족하다. 인터넷에서 우연히 한 엄마가 쓴 글을 보았다. 비장애 형제를 장애 어린이와 다른 학교에 보내고 싶었는데, 학교에서 비장애 어린이가 장애 어린이 때문에 겪는 고통과 스트레스를 서면으로 제출하라고 했다는 것이다.

최은경 교수님께서 추천해 주셔서《나는, 어떤 비장애형제들의 이야기》라는 책을 읽어 보았다. 그런 책이 있는지도, 그런 모임이 필요한지도 몰랐기에 찾아볼 생각조차 못 했다. 장애인의 비장애 형제자매인 이삼십 대 청년들의 자조 모임에서 발간한 책이다. 나는 언니와 따로 살았고, 건강하게 자랐음에도 다른 사람들의 이야기가 고팠던지 단숨에 읽었다. 재미있게, 애달프게 읽었다.

* * *

초등학교때 같은 학년에 장애인 친구가 있었다. 정확히는 우리보다 한 살 많은 언니였다. 정말 하얗고, 예뻤고, 키도 컸다. 자폐 스펙트럼 장애로 소리도 많이 지르고, 남을 꼬집고 자해를 했다. 그 친구를 보면서도 '내 언니도 장애가 있는데' 정도로만 생각했다. 언니가 장애인이라고 살갑게 먼저 다가가지도 않았다. 반도 달랐고. 괴롭히거나 욕하는 친구는 거의 없었다. 그래도 그 친구가 소리를 지르며 복도를 지나갈 때면 다들 이상한 사람 보듯, 신기한 구경을 하듯 쳐다보았다. 그 순간이 너무 싫었다. 그게 마음의 상처가 되었을까?

어느 날 그 친구의 언니가 학교에 찾아왔다. 친구들이 웅성댔다. 아주 예쁘고 날씬한 어른이었다. 초등학생이었던 나는 이렇게 생각했던 것 같다. '장애인 친구에게도 저렇게 예쁜 언니가 있을 수 있구나!' 지금 생각해보면 참 이상하지만, 비장애 형제를 많이 접하지 못한 초등학생에게는 같은 처지의 사람이 있다는 것 자체가 작은 깨달음이었다. 심지어 외모가 예쁘기까지 해서 어린 내게는 유니콘 같은 존재로 보였다.

언니의 유튜브를 구독하는 분들과 이야기를 나누는 자리가 있었다. 다운증후군 형제자매들도 있었다. 다운증후군 비장애자매인 나와 이야기하고 싶었다고 한다. 처음 만났는데도 오래 알고 지내던 친구를 만난 듯했다. 반가우면서도 가슴 한구석이 아렸다. 그제야 알았다. 언니도 친구가 필요했듯 나도 장애인 가족인 친구가 필요했다. 다른 사람이 이해하기 어려운 상황을 공감해주고 굳이 어렵게 말하지 않아도 알아주는 친구가 필요했던 것이다.

너무 잘하려
애쓰지 않아도 돼

 화요일 오후. 수업 준비에 한창일 때 갑자기 집중력이 깨진다.

"띠리리리~"

언니다. 언니가 전화하는 시간은 일정치 않다. 아침, 점심, 저녁, 밤낮없이 아무 때나 전화를 한다.

"여보세요?"

"어, 언니."

"주이, 바빠?"

내가 바쁘다 바쁘다를 입에 달고 살아서 그런지 언니도 전화할 때 늘 같은 레퍼토리로 시작한다. "주이 바빠? 통화돼?" "응, 지금 바빠"라고 해도, 언니는 대답이 무색하게 하려던 말을 이어간다. 나는 언니가 전화를 했다고 해서 만사 제쳐 두고 들어주는 착한 동생이 아니기에 단호히 선을 긋는다.

"언니 미안한데, 주이 지금 일하고 있어서 바쁘거든? 이따가 전화하자?"

"몇 시에? 몇 시에 전화할까?"

"이따 다섯 시에 전화할게."

"알았어. 이따 전화하자."

지금은 통화가 어려우니 기다려달라고 하면 언니는 별다른 말없이 잘 기다려준다. 잘하려 하는 것도 좋고, 잘해야 하는 것도 맞지만, 너무 잘하려고 애쓰지는 않아도 된다고 생각한다.

예전에 언니를 진심으로 좋아하고 언니도 너무 좋아했던 비장애 친구가 있었다. 경주에 있던 그룹홈에서 생활하다 인천으로 올라와 가족과 함께 산 지 얼마 안 됐을 때라 비장애인 친구가 거의 없었기에 언니는 그에게 온 마음을 열고 의지했다. 그 친구는 언니에게 매일 연락하고, 산책도 함께 가는 등 과분하다고 생각할 만큼 잘해주었다. 그러다 이유 없이 멀어졌고, 시나브로 연락이 끊겼다. 가끔 그 일을 돌아본다. 언니에게 매일 연락하고, 매일 관심을 받고, 그 관심에 걸맞은 반응을 보여주는 것이 언제부턴가 그에게 의무처럼 느껴진 것은 아닐까?

그때 처음으로 '너무 잘하려고 애쓰지 않아도 된다'는 생각을 구체적으로 떠올렸다. 가족이든, 친구든, 어떤 관계든 서로 '너무' 잘하려는 노력은 결국 의무가 되고, 부담으로 다가올 수 있다. 주위를 돌아보면 정말 그렇다. '적당한' 거리로 서로를 대하는 사람들이 십여 년간 변함없이 언니와 관계를 유지한다.

난 너무 애쓰진 않지만, 능력 안에서 언니에게 최선을 다하려고 노력한다. 매일 몇 번씩 전화하려는 언니의 요구에 항상 응하지는 않지만, 퇴근길에 항상 전화하는 '사소한 루틴'을 지킨다. 주말에 재미있는 시간을 보낼 때면 혼자 집에서 심심해할 언니에게 가끔 미안한 감정이 밀려오지만, 충전의 시간을 갖고 언니와 더 잘 지내리라 다짐한다.

언니가 몇 년간 경주의 그룹홈에서 가족과 떨어져 살 때는 안쓰럽고 미안해서 집에 오는 날이면 충분히 시간을 냈다. 남동생이 대학에 들어가고 엄마도 새롭게 시작한 가게가 어느 정도 자리를 잡았을 때 언니를 데려와 함께 살자는 말을 꺼냈다. 희생해야 한다는 부담이 없었기에 언니를 데려오자고 말할 수 있었을 것이다.

언니가 가족 곁으로 오고 나서도 함께하는 시간이 많지는 않았지만, 언니와 시간을 보낼 때는 최선을 다했다. 너무 잘하려 애쓰지 않았기에 희생한다고 생각하지도 않았고, 언니의 존재가 크게 부담이 되지도 않았다. 그래서 우리 둘 다 더 행복할 수 있었다고 생각한다.

미안한 것도
고마운 것도 많다

나는 가족이 많은 편이다. 친가에는 사촌 오빠만 아홉이고, 사촌언니도 있다. 언니는 새로운 가족이 생기면 친해지고 싶어 연락처를 휴대폰에 저장해두고 수시로 전화를 하려고 한다.

"네 ~ 누구세요~?"

!!!!!!!!!!!!!!!!!

언니가 전화를 받더니 갑자기 상기된 얼굴로 후다닥 방에 들어간다. 누구의 전화인가 귀를 쫑긋 세워보니 새언니다. 새언니가 (언니 말로는) '스스로' 안부 전화를 한 것이다. 언니는 저쪽에서 먼저 전화한 것을 '스스로 연락했어'라고 한다. 사실 언니 몰래 새언니들의 연락처를 휴대폰에서 지웠다. 언니를 존중하는 행동은 아닐 것이다. 하지만 오래도록 많은 사람을 봐온 나로서는 언니와 새 가족들의 장기적인 유대를 위해 어쩔 수 없는 선택이었다.

그게 올해 초였는데 벌써 추석이다. 짧은 통화였지만 새언니는 우리 언니한테 이런저런 안부를 알뜰히 물어봤다. 그저 너무 감사했다. 언니는 내가 지웠던 새언니의 연락처를 다시 주소록에 추가했다.

* * *

올해 초 그때로 돌아가보자. 사촌오빠 (중 하나)가 전화를 했다.

"서녕이가 스마트워치를 사달라는데, 어떤 걸 사주면 좋을까?"

"언니가 또 선물을 사달라고 했구나. 미안해, 오빠."

사실 언니는 날마다(생일, 크리스마스, 그리고 그냥 아무때나) 친인척, 엄마 가게 알바 동생들에게 연락해 선물을 사달라고 한다. 사촌오빠의 전화를 받고 언니의 카카오톡 대화목록을 보니 여기저기 사촌오빠들과 새언니들에게 선물을 사달라는 카톡을 보내고 있었다. 아주 고가의 선물도 있었다.

사촌오빠는 언니에게 선물을 사주는 것이 좋다며 흔쾌히 스마트워치를 사 보냈다. 다른 새언니도 선쁘가 나 아니면 누구에게 연락을 이렇게 하겠냐며 가방을 사 보냈다. 가족들의 마음이 너무 고마웠지만, 한편으로 부담이 되지 않을까 걱정스러웠다. 언니는 작은 양말을 사줘도 좋아하고, 비싼 휴대폰이나 액세서리를 사줘도 좋아한다. 선물의 가치를 돈으로 환산하지 않기 때문에 (정확히는 할 줄 모르기 때문에) 값이 싸든 비싸든 선물 자체를 좋아한다. 돈의 가치를 모르니 아주 비싼 것도 사달라고 하는 것이다.

엄마와 상의했다. 언니한테는 미안하지만 휴대폰 주소록에 있는 번호 몇 개를 지우자고 했다. 엄마는 너무 예민한 게 아니냐고 하셨지만 내 말에 어느 정도 동의하셔서 언니랑 자주 연락하는 사람들을 빼고 다른 가족의 연락처는 지웠다. 언니를 존중하지 않는 행동일지도 모르지만 장기적으로 친척들과의 관계를 위해 어쩔 수 없었다.

* * *

"언니, 제부는 바쁘니까 평일에는 전화가 안 돼. 주말에 전화해." 신혼 초, 남편 전화번호를 받아가는 언니를 보고 걱정이 돼서 한마디 했다. 그 뒤로 언니는 평일에는 내 남편에게 전화를 못하고 기다리다 주말만 되면 하루에 몇 통씩 하곤 한다.

사람들이 언니를 부담스럽게 생각하지 않아야 잘 지낼 수 있다. 언니를 부담으로 여기는 것도 싫고, 그런 사실을 내가 알아차리는 것도 싫다. 나도 바쁠 땐 언니의 카톡을 읽고 답장하지 않으니 언니에게 회신하지 않는 이들의 마음을 모르는 바 아니지만 그 사실을 마주하는 것은 유쾌하지 않다.

***

"우리 언니랑 같이 만나서 놀아도 될까? 괜찮아? 고마워."

언니는 비장애인인 내 친구들을 많이 좋아하고, 만나서 놀고 싶어 한다. 그런데 난 이상하게도 친구들과의 대화에 '언니'가 들어가면 마음이 불편하다. 빚을 지는 기분이랄까. 어릴 때부터 쭉 언니와 나를 봐왔던 친구들이라 흔쾌히 '그러자'고 하겠지만 내가 먼저 말을 꺼내기가 어렵다. 남편한테도 언니랑 같이 놀자는 말을 할라치면 입이 떨어지지 않는다. 장애인 언니의 비장애 자매라서 그런 성향이 생겼는지, 원래 부탁하기를 꺼리는 성격 탓인지 알 수 없다. 내게 부담을 주지 않으려고 늘 나와 언니를 표나지 않게 따로 챙겼던 부모님의 배려를 보고 배웠는지도 모른다.

"미안해, 오빠."

"언니랑 같이 놀아줘서 고마워."

나는 참 미안한 것도 많다. 고마운 것도 많다. 오히려 언니 덕에 사소한 것에 미안해하고 감사하는 사람이 된 것이다.

언니의 눈빛과
표정이 보이기 시작했다

 눈알을 굴린다. 엄마가 하는 말을 유심히, 귀 기울여 듣는다.

눈을 마주친다. 내가 무슨 말을 하는지 내 입과 눈을 유심히 들여다본다.

고개를 숙인다.

알아듣지 못하는 말들로 식탁 위 대화가 채워지는 동안 앞에 놓인 음식만 먹는다.

처음부터 유튜브를 시작할 생각은 아니었다. 사진과 동영상 찍기를 즐기는 나는 평상시에도 가족의 일상을 사진과 영상으로 남겼다. SNS 계정에 가끔 올린 언니의 사진과 영상에 다운증후군 가족들이 관심을 보여주셔서, 그 길로 언니 계정을 새로 만들어 짧은 영상을 아주 가끔 올렸다. 그러다 보니 언니를 더 길게 찍기 시작했고, 길어진 영상을 편집했다. 그리고 유튜브 계정에 언니 영상의 편집본을 올렸다. 전문적인 프로그램을 쓰는 것은 아니다. 일도 많고 게으른 내게는 취미삼아 자투리 시간에 조금씩 편집하기도 버겁다. 하지만 이게 언니를 위한 일임을 확신한다.

 카메라를 삼각대에 올려놓고 긴 시간 촬영한 영상을 보면서 울컥하는 마음을 달래지 못해 잠깐 울 때도 있다. 평생 보지 못했던 언니의 얼굴과 표정, 작은 제스처가 눈에 들어올 때다. 동영상 속 언니는 갑자기 주위 사람의 얼굴을 빤히 쳐다본다. 자기에게는 너무 빠른 우리의 말을 알아듣기 위해 귀를 기울이고, 말하는 사람과 눈을 마주치고, 입술을 읽으려고 애쓴다. 평생 나는 말하기 바빠서, 먹기 바빠서, 떠들고 놀기 바빠서 그 노력을 알아차리지 못했다.

 다른 영상 속에서 말하기 좋아하던 언니는 연신 젓가락질만 해댄다. 가족들은 말하기 바쁘다. 서로 안부를 전하느라 언니에게 상황과 내용을 설명해줄 여유가 없다. 정신없이 오가는 대화 속에 낄 자리가 없던 언니는 밥만 먹는다. 모두 함께한다고 믿었던 시간 속에서 언니가 소외된 순간은 얼마나 많았을까?

 보기만 한 것이 아니라 듣기도 했다. 언니가 당최 무슨 말을 하는지 몰라 대충 얼버무릴 때가 많았다. 영상 편집을 하느라 몇 번이고 반복해 돌리다 보면 그 말이 들렸다. 언니는 알맞은 때에, 알맞은 말을 많이 했다. 그저 자기가 관심 있는 것만 말하는 줄 알았는데, 상황과 가족들의 얼굴을 살피며 대화의 느낌과 내용을 나름대로 생각하고 판단했다.

영상이라는 게 이런 거구나. 영상 속에서 언니의 표정을 수없이 마주한 나는 이제 가족들과 대화할 때도 일부러 언니한테 질문하고 말을 시킨다. 여전히 우리끼리 대화가 오갈 때가 많은 건 사실이지만 언니만을 위한 시간이 확실히 늘었다. 이렇게 조금만 더 관심을 가지면 보이는 것을 이십여 년간 못 보고 살았다. 그래서 해야 할 일이 쌓여 있을 때도 시간을 내고, 부모님께도 그렇게 하시라고 권한다.

"엄마, 아빠, 이번주에는 선쁘를 데리고 카페 투어를 다녀오세요."

언니도
해야지

여노는 마트에서 카트에 앉는 걸 싫어했었다. 얌전히 있으라고 유튜브를 보여줄 수도 없고, 10킬로그램이 넘는 아이를 장보는 동안 계속 안고 다닐 수도 없는 노릇이었다. 따분한 것도 당연했다. 부모가 물건 사는 데 정신이 팔려 있는 동안 가만히 앉아만 있어야 했으니 말이다. 거기에 생각이 미친 뒤로는 상품을 직접 고르게 했다. 두부를 사러 가도 "이거? 이거?"를 외쳐가며 고르게 하고, 3개 세트로 사야 하는 식재료가 있다면 품질이 좋아 보이는 두 개는 내가 먼저 고르고 나머지 한 개는 여노가 집게 했다. 물건을 건네주면 카트에 앉은 여노가 받아 뒤쪽에 내려 놓았다(정확히는 던져 놓았다). 그 뒤로 여노는 카트에 앉기를 그리 싫어하지 않게 되었다. 사실 이런 스킬(?)은 언니와 함께 살며 터득한 것이다.

언제였는지는 모른다. 엄마가 가게를 열고, 나는 결혼하기 전이였다. 주말이 되면 온 가족이 늦게까지 가게를 정리하고 청소나 행사 준비를 도왔다. 엄마는 분주하게 여기저기 다니며 지시하고, 아빠와 남동생은 힘쓰는 일을 맡았다. 나는 눈치껏 필요한 걸 챙겼다. 그럴 때면 '배려'라는 명목으로 언니를 가족 일에서 배제하기도 했다. 늦은 시간에 불러내는 것이 미안하기도 했고, 언니도 늦은 시간에 나오는 걸 싫어했다.

그날은 가족들이 함께 일을 마치고 치킨을 먹기로 했다. 언니까지 모두 가게에 모였다. 엄마, 아빠, 남동생과 나는 분주히 할 일을 찾아 움직였다. 일하는 가족의 범주에서 제외된 언니는 혼자 테이블에 앉아 따분한 표정으로 휴대폰만 들여다보았다. 바쁜 부모님은 언니의 모습을 잘 포착하지 못했을 것이다. 여우 같은 나는 적당히 꾀를 부렸는데 문득 언니의 표정이 눈에 들어왔다. '언니는 이 시간이 얼마나 지루할까, 얼마나 지겨울까? 그래, 언니한테도 소일거리를 줘야겠다!'

가게에 있던 재고정리 서류를 꺼낸 후 언니에게 진열된 상품과 수량이 맞는지 확인해보라고 했다. 적당히 어려운 일거리였다. 언니가 그 일을 얼마나 잘 해내는가는 중요하지 않았다. 뭔가를 하면서 시간을 보낸다는 것이 훨씬 중요했다. 어차피 재고 수량 파악은 엄마가 다시 해야 할 일이었다. 언니는 굼뜬 몸을 느릿느릿 끌고 나와 케이크 진열대 앞에 쭈그려 앉았다. 생각보다 꽤 잘했다. 일이 끝나고 언니가 들고 온 파일을 보며 연신 칭찬을 했다. 언니의 얼굴에 뿌듯한 표정이 떠올랐다. 첫 번째 시도는 대성공이었다.

  엄마는 언니가 첫 직장에서 봉급을 받았을 때 할머니, 삼촌, 큰아빠, 사촌들까지 온 가족에게 양말과 내복을 사게 했다. 받는 사람 입장에서는 큰 의미가 없는 선물일지도 모른다. 그러나 엄마는 스스로 땀 흘려 번 돈으로 누군가를 위해 선물을 사게 함으로써 언니도 어엿한 가족 역할을 하기 바랐다. 언니도 누군가에게 선물을 준다는 기쁨을 누렸다. 어르신들은 이 시대 최고의 후손이라며 칭찬하셨다. 또 한 번 언니의 얼굴에 뿌듯한 표정이 떠올랐다. 나도 엄마도 동참하기 교육을 하고 있었던 것이다.

불편한 진실

언니는 운 좋은 장애인이다

아직도 잊을 수 없다. 십여 년 전, 신촌의 어느 햄버거 프랜차이즈 지점이었다. 대학생이었던 난 신촌에 놀러 갔다가 허기를 달래러 그 가게에 들어갔다. 주문한 햄버거를 받아 올라간 2층에서 두 사람을 보았다. 한 사람은 아주 익숙한 얼굴이었다. 21번 염색체가 세 개로 태어난 그 젊은 남자는 햄버거 가게 유니폼을 입고 모자를 썼다. 흐트러진 테이블을 정리하고 쓰레기를 치웠다. 같은 일을 반복하면서도 어딘지 엉성했지만, 그 자신은 바쁘고 진지했다.

한 사람은 나이가 지긋한 여성이었다. 똑같은 유니폼을 입고 똑같은 모자를 썼다. 다운증후군 남자를 따라다니며 미처 정리하지 못한 테이블의 각을 맞추고, 쓰레기 치우는 일을 마무리했다. 닦이지 않은 테이블은 쓱쓱 닦았다. 추측컨대 아마 그 가게는 장애인고용제도에 따른 의무고용률을 충족하기 위해 남자를 고용했을 것이다. 장애 정도를 감안해 사람들이 먹고 간 자리를 치우게 했을 것이다. 분주한 노동의 현장에서 아들이 혹시나 상처받지 않을까, 일은 잘할 수 있을까, 제 몫은 다 할까 걱정이 된 엄마가 따라 나와 일을 도왔을 것이다. 무급으로.

다행히 혼자였다. 자꾸 솟아나는 눈물을 참으며 꾸역꾸역 햄버거를 먹었다. (행복하든 불행하든 '장애인'이라는 버튼이 눌리면 쉽게 눈물이 나는 편이다.) 푼수처럼 그분들께 '깨끗이 치워줘서 고마워요.' 따뜻한 인사라도 건네고 싶었다. '제 언니도 다운증후군이에요. 너무 반가워요.'라며 알은 체도 하고 싶었다. 하지만 스무 살의 어린 나는 고민만 하다 가게를 나왔다. 나중에 다시 그들을 보고 싶어 같은 시간대에 방문했지만 볼 수 없었다.

***

언니는 참으로 운 좋은 장애인이다.

엄마는 챙길 일이 있으면 시간을 내어 언니를 돌봤다. 언니는 일도 하고 다양한 활동도 했다. 일할 때는 활동 보조 선생님과 함께 퇴근 후에 간단히 산책도 하고 공연도 보러 다녔다. 일을 하지 않을 때도 구몬학습, 오카리나 연주, 복지관 프로그램 등에 참여했다. 대기업 연구소에서 오랫동안 근무한 아빠 덕분에 금전적인 문제를 겪은 적도 없다. 교육학을 전공해 자녀 교육에 각별히 신경을 썼던 엄마 덕분에 계속 긍정적인 자극을 받았다. 적당히 벌고 적당히 시간이 있는 가정에서 태어난 복을 누렸다.

나도 참 운 좋은 사람이다.

부모님이 돌봐주시는 덕에 언니를 위해 살지 않아도 된다. 언니가 나름 바쁘고 행복하니 내가 많은 시간을 낼 필요가 없다. 어떤 분은 대학 때 점심마다 집에 갔다고 한다. 부모님이 자리를 비운 동안 장애인인 형제에게 밥을 차려주기 위해서였다. 가슴이 아팠다.

언니의 장애는 조금만 도와주면 일상적인 활동이 가능하다. 나만의 생각일지도 모르지만 언니의 외모는 성인이 된 후에도 여전히 귀엽다. 지적수준이 아주 낮지도 높지도 않아서 가족 모두 큰 걱정을 덜었다. 활동보조인을 구하기도 어렵지 않다. 불편한 진실일 수도 있지만 언니가 운이 좋은 만큼 나도 운이 좋은 것이다.

다운증후군을 마주치면
그렇게 반가울 수가 없다

언니가 다운증후군 장애인이라 발달장애인을 마주치면 저절로 응원하게 된다. 특히 다운증후군이라면 내적 반가움과 친밀도가 급격하게 상승한다. 물론 속상한 적도 있지만 고마운 일이 훨씬 많다.

상록학교

20대 초반, 장애에 관심이 많았던 친구 둘과 함께 부천에 있는 특수학교인 상록학교에 봉사활동을 하러 갔다. 특수교사를 보조해 수업이나 행사를 돕는 일이었다. 구체적인 것까지는 기억이 나지 않지만 가족들이 아이들을 보러 오는 행사였을 것이다. 할머니, 부모님, 누나까지 대가족이 반가움에 활짝 웃으며 뇌성마비가 심한 장애 어린이에게 다가왔다. 누나는 동생이 너무 귀여웠는지 한껏 들뜬 목소리로 이름을 부르고 어루만졌다. 특별한 표정도, 말도, 몸짓도 없었지만 아이는 정말 사랑을 듬뿍 받고 있었다. 그 모습을 지켜 보는 나까지 사랑받는 기분이 들 정도였다. 십 년이 지난 지금도 그 누나의 미소와 목소리가 생생하기만 하다.

십 년 전쯤 신촌 햄버거 가게에서 본 다운증후군 알바생

앞에서 썼지만 서울 번화가에서 다운증후군 장애인을 보는 것은 흔치 않은 일이다. 신촌 한복판, 자주 가던 햄버거 가게에서 일하는 그를 보니 반가운 마음에 다가가 말을 걸고 싶었다. 이름이 뭘까, 몇 살일까, 일은 어렵지 않을까? 마음 속에서 온갖 질문이 일었다. 법적 의무고용이었을지 몰라도 그를 고용한 햄버거 가게는 얼마나 훌륭한 회사인가 하는 어이없는 생각도 했다. 무급으로 일하는 것처럼 보이는 엄마가 그를 도와 매장을 정리하고 있었다. 쓸데없는 생각을 많이 하는 나는 그 분들이 일하다 나쁜 사람을 만나면 어떡하지, 엄마까지 상처받는 일은 생기지 말아야 할 텐데, 공연한 걱정을 했다.

광교 호수공원에서 본 언니랑 닮은 다운증후군 소녀

남편이랑 광교 호수공원 근처에서 밥을 먹고 호수를 한 바퀴 돌았다. 멀리서 낯익은 사람이 다가왔다. 아주 바쁜 듯한 몸짓과 그렇지 않은 속도. 가까워질수록 생각했던 바로 그 사람이었다. 다운증후군. 곁에는 우리 부모님과 연배가 비슷해 보이는 부모님이 함께 걷고 계셨다. 사람들은 다운증후군 장애인이 모두 똑같이 생겼다고 하지만, 사실은 각자 부모님의 유전자를 받아 다 다르다. 가족이 분간 못할 일은 없다. 하지만 그 분은 언니랑 정말 비슷했다. '저 댁 부모님도 우리 부모님처럼 딸의 성인병을 걱정하시려나? 운동을 하러 나왔나? 매일 운동하나?' 마음 속에서 질문이 꼬리를 물고 이어졌다. '호수공원에 가족이 함께 나와 운동하는 걸 보면 행복한 가정이겠지?' 무례한 생각까지 한다. 왠지 모르지만 그냥 고마웠다.

남편도 그분을 지나치고 조그맣게 외쳤다. "언니랑 똑같다!" 본디 무덤덤한 그도 길거리에서 다운증후군을 보면, 더욱이 언니와 닮은 분을 봤다는 게 은근히 반가웠고 내적 친밀감이 높아졌다고 했다.

롯데마트

부모님이 여노한테 장난감을 사준다고 마트로 불렀다. 장난감 코너에서 서성거리는데 낯익은 얼굴이 지나간다. 이번에는 나이가 좀 들었고 짧은 스포츠 머리에 희끗희끗한 새치가 나 있었지만 역시 건강해 보이는 분이었다. 혼자 바삐 걸어가는 줄 알았는데 알고 보니 장난감 진열대 건너

편의 친구들과 장난을 치고 있었다. 동네에서 처음 보는 분이었다. 그냥 고마웠다.

마포 중앙도서관

젊은 남자가 나이든 남자 분의 팔짱을 낀 채 도서관 북카페로 들어왔다. 잘 알아들을 수 없는 말이 어르신의 입에서 나왔다. 마포중앙도서관은 복지관과 붙어있어 장애인이 드물지 않다. 젊은 남자가 세심하게 그분을 인도했기에 장애인임을 알았다. 어쩌면 어르신이 아닐 수도 있다. 발달장애인은 실제보다 나이 들어 보이는 경우가 종종 있다.

나는 바로 옆 테이블에서 낮잠에 푹 빠진 여노를 유모차에 눕힌 채 노트북으로 일을 하고 있었다. 젊은 남자가 나지막하고 친절하게 무슨 말을 한다. 집중하려고 귀에 꽂고 있던 이어폰을 슬쩍 뺐다. 시선은 노트북에 머물렀지만 신경은 온통 옆 테이블로 가 있었다. 장애인을 보면 시선을 다른 곳에 두려고 노력하는 편이라 고개를 돌리지는 않았지만 노트북 화면에 젊은 남자의 행동이 비쳤다.

"많이 덥지요?" 젊은 남자는 손수건으로 송글송글 맺힌 땀을 닦아주며 상냥한 목소리로 몇 번씩 괜찮냐고 물었다. 묵묵부답. 활동보조 선생님으로 보이는 젊은 남자는 주문한 음료 두 잔을 받아온다. 나이 드신 분은 테이블에 거의 눕다시피 엎드려 있다. 그 분을 일으켜 빨대를 물려주고, 몸을 받쳐주고, 부드럽게 얼굴의 땀을 닦아준다. 또 고마웠다.

이마트 어항 진열대

여노를 데리고 마트에 갔다. 물고기와 햄스터를 보여달라기에 남편은 장을 보고 나는 아이를 데리고 애완용품 코너로 갔다. 조용히 햄스터가 물 마시는 모습을 보고 있는데 우리 곁에 한 아빠가 대여섯 살쯤 되어 보이는 남자 아이를 데리고 왔다. 아이는 햄스터가 꾸물거리는 모습을 보고 신이 났는지 갑자기 알아들을 수 없는 소리를 지르기 시작했다. 그리 큰소리는 아니었지만 새, 햄스터, 토끼, 물고기, 거북 등 다양한 동물이 있을 뿐, 어린이는 여노와 그 아이밖에 없어 조용한 곳이라 실제보다 더 크게 들렸다. 그 순간 직감했다. '자폐 스펙트럼이구나.'

아이에게 조용히 말을 걸었다. "우와, 햄스터가 귀엽지?" 관심을 보이고 싶었는지, 진정시키고 싶었는지, 당황한 아빠에게 괜찮다는 뜻을 전하고 싶었는지 나는 계속 말을 이었다. 어차피 여노에게도 그렇게 설명해줄 참이었다. "햄스터가 물 먹네." "하품한다." "졸린가 봐." 동물들이 놀랄 수 있으니 조용히 해달라는 직원의 주의를 받고 그들은 떠났다.

내게 고마움이란 어떤 감정일까? 누구에게, 무엇을 고마워하는 걸까? 주위 시선에 신경을 쓰면서도 자기가 돌보는 장애인이 편히 있을 수 있도록 세심하게 살피던 그 활동보조 선생님이 고맙다. 언니도 정말 좋은 활동보조 선생님을 만났다. 오죽하면 부모님 돌아가시면 '주이랑 살 거야'만 외치다 이제는 '장 이모랑 살 거야'라고 할까? 마트에서 친구들이랑 장난치며 뛰어가던 다운증후군 장애인에겐 왜 고마웠을까? 몇 번 돌이켜 생각해봐도 잘 모르겠다. 사람으로 붐비는 마트, 다운증후군, 밝은 웃음, 비장애인 친구들, 그냥 모든 것이 고마웠다. 장애인을 고용한 햄버거 가게, 이상하게 보지 않고 각자 할 일을 하던 사람들, 실수하지 않을까 노심초사 뒤를 따라다녔던 엄마, 그 모든 것이 고마웠다. 자폐 스펙트럼 어린이의 부모님, 광교호수공원에서 아이를 데리고 산책하던 부모님, 상록학교에서 동생을 사랑스럽게 바라보던 누나. 모두가 고마웠다.

  나는 착하지 않다. 하지만 언니랑 관련된 일이면, 장애인과 관련된 일이면 넓고 푸근한 마음을 갖게 된다. 이 또한 언니 덕분이다.

주이 학교에서
청소하고 싶어

교수로 임용되고 나서 가족 모두 내 연구실에 들른 적이 있다. 책상과 책장, 책과 서류, 집기들이 아직 정리가 안 되어 어수선했지만 여기저기 호기심 어린 눈길을 던지며 언니는 좋아라했다. 언니는 생각나는 대로 질문을 마구 쏟아냈다. 순수하고 귀여운 질문들이었다.

"주이 학교야?"

"주이는 교수님이야?"

"교수님이 뭐야?"

"학교에서 일해?"

"공부 힘들지?"

"나도 학교 가고 싶다."

"우와, 좋다!"

그러더니 불쑥 이렇게 말한다.

"주이 학교에서 청소하고 싶어!"

박사 과정 초반이었다. 엄마랑 나는 통화를 꽤 자주 하는 편이다. 나는 여노가 귀여운 행동이나 말을 하면, 혹은 말을 아주 잘하면 바로 엄마에게 알린다. 다 큰 아이를 키우는 엄마도 언니가 귀엽거나 웃긴 행동을 하면, 완성도가 높은 문장을 구사하거나 놀라운 어휘력을 보일 때면 바로 내게 전화한다. 오늘 선쁘가 이랬고 저랬고, 오늘 여노는 이러쿵 저러쿵. 어느 날 엄마가 내게 전화해 언니의 작은 바람을 전했다.

"선쁘가 뭐래는지 아니? 너랑 같이 있고 싶다고, 학교에서 청소하고 싶단다. 너무 웃기지 않니?"

"뭐? ㅋㅋㅋㅋㅋㅋㅋㅋ 아, 못살아, 진짜!"

얼마 안 되어 오랜만에 집에서 함께 시간을 보내고 있을 때 언니가 또 불쑥 말한다.

"주이 학교에서 청소하고 싶어. 청소일 하고 싶어."

연구한답시고 매일 학교에 출근하고 늦게야 퇴근하니 언니는 내가 하루 종일 학교에 있다는 걸 잘 안다. 그토록 좋아하는 동생이 밤낮 공부한다는 핑계로 놀아주지 않아 아쉬웠을까? 주이 학교에서 청소하고 싶다는 말은 단순히 학교를 깨끗하게 치워주고 싶다거나 청소부라는 직업을 갖고 싶다는 뜻은 아닐 것이다.

언니는 나와 많은 시간을 보내고 싶다. 그러려면 학교에서 일해야 한다. 가장 잘 할 수 있는 일이 무엇인지 곰곰이 생각하다가 청소를 떠올린 것이다. 엄마에게 했던 말을 내게 직접, 또 한 걸 보면 빈말이 아니다. 머릿속에서 몇 번이고 생각했던, 나름 간절한 소원이었다. 청소를 한다는 말에는 언니의 깊은 배려와 사랑이 녹아 있다. 워낙 깔끔한 언니는 집을 깨끗이 치우는 걸 좋아한다. 상대적으로 깔끔하지 못한 나는 언니가 집을 치워주면 고마워했다. 언니는 고심 끝에 내가 좋아하는 일, 나를 위해 해줄 수 있는 일을 생각해낸 것이다.

 언니의 말이 남긴 인상이 강렬해서 뭐라고 대답했는지는 잘 기억나지 않는다. 그저 엄마와 서로 바라보며 소리 내어 웃었다. 집에 와 다시 한번 언니의 순수하고, 귀엽고, 배려 넘치는 말을 생각하다 문득 눈시울이 붉어졌다. 언니와 많은 시간을 함께하지 못해 속상했을까, 그럼에도 언니에게 시간을 내지 않는 내 자신이 미웠을까, 언니에게 그저 미안했을까?

네 살이라 생각하고
대화해봐

언니는 가끔 어이없는 행동을 한다. 아주 어린아이 같고 순수한 행동도 있고 그렇지 않은 행동도 있다. 그럴 때면 우리 가족은 한바탕 웃어 넘기며 누가 먼저랄 것도 없이 이렇게 말한다. "네 살이잖아!" 그런가 하면 언니의 눈썰미, 눈치, 행동에 깜짝 놀라며 농담반 진담반으로 지적수준 검사결과에 의문을 제기할 때도 있다. "네 살보다는 더 수준 높지 않아?" "검사 다시 받아야 하는 거 아니야?"

어느 날 언니는 정말로 재검사를 받았다. 복지카드를 재발급받아야 했던가, 뭐 그런 이유였다. 검사 결과지는 우리 가족의 농담 섞인 질문에 다시는 그런 의문을 갖지 말라고 준엄하게 선고했다. 여지없이 네 살, 돌고래의 지능지수보다 낮았다. 사실 나는 언니의 지적수준이 그 정도라고 짐작했다. 조금 더 대화를 이어가고 싶을 때 '언제' '어디서' '왜'

라고 질문하면 돌아오는 대답은 십중팔구 적절치 못했다. 그저 평상시 익숙한 것들에 대해 눈치가 생기고 요령이 늘어났을 뿐이었다.

나랑 남동생은 결과지를 든 채 서로 바라보며 웃었다. 돌고래라니. 엄마도 슬픔이나 서운함, 속상함을 비치지는 않았지만 그간 품었던 기대 섞인 의문이 없어진 데 대해 한마디 하셨다. "아무리 봐도 이상한데." 엄마는 그간 언니의 문장력이 발전한 것을 지적수준이 높아졌다고 오해했을 것이다. 날로 문장의 완성도가 높아지고 구사하는 단어도 다양해졌다. 엄마의 농담은 언니의 지적수준이 높았으면 한다는 '희망'까진 아니었겠지만, 혹시 시간이나 검사지의 질문이 충분치 않아 결과가 낮게 나오지 않았을까 하는 의문 정도는 되었을 것이다.

* * *

"네 살짜리 아이랑 이야기하듯 대화하세요."

엄마 가게에 종종 놀러 오시고 언니와도 잘 지내시는 아주머니의 말씀이다. 사실 언니와 오랜 시간 떨어져 살았기 때문에 대화하는 법을 몰랐다. 언니가 물으면 친절히 대답은 했지만, 대화는 깊지도 길지도 않았다. 언니가 관심 있는 주제를 몇 번 꺼내고 나면 대화는 곧 겉돌았다. 어떻게 해야 대답을 이끌어낼 수 있는지 몰랐고, 사실 그렇게 하려고 노력하는 편도 아니었다.

그러다 프라이팬에 머리를 맞는 듯한 이야기를 들은 것이다. 네 살짜리 아이랑 이야기하듯 대화하라니. 언니의 지적수준이 네 살 정도라고만 생각했지, 그런 방안(?)이 있으리라고는 상상도 못했다. 그 뒤로 언니와의 대화법이 많이 좋아졌다. 더 짧고 직관적인 문장을 사용하고 숫자보다 이미지를 기억할 수 있게 신경을 썼다. 가령, "2년 뒤 생일에 분홍색 제트플립 휴대폰을 사줄게."라고 하기보다 "2년 뒤에 휴대폰 사줄 거야. 지금 휴대폰을 봐. 2021년이지? 이 숫자가 2023년이 되면 사줄 거야. 색깔은 분홍색으로 해줄게." 이런 식이다.

물론 수치로 한 사람을 표현한다는 것은 마음 불편한 일일 수 있다. 내가 어렸을 때 언니는 2급 장애인이었는데, 어느 순간 급수가 없어지고 경증/중증 장애로 표기되었다. 브런치에 언니 관련 글을 쓰면서 '2급, 중증'이라고 표현했더니 복지직 공무원인 친구가 지금은 등급제가 폐지되었고 '심한 장애'와 '심하지 않은 장애'로 분류한다고 알려줬다. 참으로 무신경한 동생이 아닐 수 없다. 1~3급보다 '중증', '경증'이, 그보다 '심한', '심하지 않은'이 비장애인에게 더 와닿는 표현인 것은 확실하다. 언니는 현재 '심한' 장애로 분류된다.

사실 나는 등급과 수치로 언니를 설명하는 것이 더 편하다. 사람들에게 "언니랑 대화할 때는 좀 더 풀어서 설명해주세요."라고 부탁하면 막연하게 들리는지 내 기대보다 더 수준 높은 대화를 하려고 한다. 머리로는 정신지체가 있다고 생각하지만 눈 앞에는 30대 중반의 성인 여성이 보이기 때문일 것이다. 이제는 나도 이렇게 이야기한다. "언니의 지적수준은 네 살입니다. 네 살짜리 아이와 이야기하듯 말해주세요." 효과는? 상당히 좋은 것 같다.

수치로 장애 정도를 평가한다는 것이 지적 또는 발달장애인에게 어떤 의미를 가질까? 성적평가를 생각해보자. 90점 이상을 A, 80점 이상 90점 미만을 B로 평가한다면 89점인 학생과 90점인 학생의 희비가 엇갈릴 것이다. 상대평가라면 성적 구간에 따라 조절할 수 있으니 억울하고 아까운 상황은 줄겠지만, 등급으로 나누면 1, 2점의 사소한 차이가 건널 수 없는 간격으로 벌어진다. A인 학생이 장학금 100만원을 받을 때, 1점 차이로 B를 받은 학생은 100만원을 받지 못한다.

언니에게는 오래된 다운증후군 친구가 있다. 장애 등급

은 정확히 기억나지 않지만 언니는 2급, 그는 3급이었던 것 같다. 수치는 그렇지만 내가 봤을 때 그는 '언제', '어디서'의 의미를 조금 더 이해하고, 어렸을 적에 알파벳에 관심이 있어 공부한 덕에 읽고 쓸 줄 아는 정도였다. 다른 면에서는 여전히 도움이 필요하고 자립이 어려웠다. 시설에서 폭행을 당해도 정확하게 표현하거나 설명하지 못했다. 그럼에도 언니는 복지수당을 받지만 그는 받지 못했다. 다행히 그의 집안은 경제적으로 어렵지 않아 금전적 지원이 크게 중요하지는 않았지만, 그를 보면서 나와 엄마는 가정형편이 어려운데도 사회적 지원을 못 받는 억울하고 안타까운 사람들이 있지 않을까 생각했다.

오수영

성균관의대 삼성서울병원 산부인과 교수. 모체태아의학을 전공하고 주로 고위험 산모를 진료하고 있다. 서울대학교 의과대학을 졸업하고 같은 학교 대학원에서 석사학위와 박사학위를 받았다. 2000년에 산부인과 전문의가 되었으니 이제 의사로서 남은 시간이 지나온 시간보다 짧아졌다. 다운증후군 검사를 늘 설명하는 산부인과 의사로서 의학적 오해와 진실을 밝히는 것이 큰 목표 중 하나다.

2020년에는 고위험 산모들에게 용기를 주고, 워킹맘으로서 숨가쁘게 달려온 엄마의 삶을 두 딸에게 전하고자 《태어나줘서 고마워》를 출간했다. 2020~2021년 방영된 tvN 드라마 〈슬기로운 의사생활〉에서 산부인과 내용을 자문했으며 채송화 역의 모델이 되기도 했다.

모두에게 늘 아름다운 사람

다운증후군에 대한 편견과 차별을 넘어

산부인과 전공의 때 교과서에서 추상적인 원칙을 읽었을 뿐, 산전에 가장 흔한 염색체 이상인 다운증후군을 진단했을 때 어떻게 해야 하는지 배운 적은 없었습니다. 전문의로 일하면서 태아에게 염색체 이상이 있음을 알면서도 임신을 유지하고 태어난 아기에게 최선을 다하는 부모들을 보면서 숙연해지는 순간이 쌓여갔습니다. 그분들을 돕는 것은 무거운 책임이지만 제 보람과 존재 가치이기도 합니다.

우연과
인연 사이

둘째의 대학 입학 기념 속초 여행을 마치고 돌아오는 차 안에서 메일을 받았다. '《태어나줘서 고마워》감사히 잘 읽었습니다.' 보낸 이는 연세대 간호대학 교수였다. 큰 아들이 다운증후군이었다. 유튜브에서 내가 다운증후군 검사, 오해와 편견에 대해 인터뷰한 영상을 보고, 책을 주문해 받은 자리에서 다 읽었다고 했다. 미국에서 아기를 낳았는데, 다운증후군 진단을 내린 할머니 소아과 의사가 맨 먼저 해준 말이 "축하합니다!"였단다. 다운복지관에서 만난 다른 엄마에게서 들은 이야기도 전했다. 그 엄마는 출산 후 아기가 열 살을 넘기지 못할 거라고 들었는데, 이미 그 나이를 훌쩍 넘어 잘 크고 있기에 정확하지 않은 정보와 절망을 준 그 의사를 평생 원망하며 살고 있었다. 그녀의 메일에는 그간 산부인과 의사들에게 하고 싶었던 이야기가 빼곡히 적혀 있었다. 책을 잘 읽었다는 메일은 논문 게재가 승인되었다는 소식만큼이나 반갑다. 답장하면서 다운증후군에 대해 쓴 논문을 함께 보냈다. 논문에 사진을 넣은 선쁘 동생과의 인연에 대해서도 적었다.

선쁘의 동생 박주형 교수를 알게 된 것은 2020년 9월경이다. 〈산부인과 의사가 알아야 할 다운증후군〉이라는 논문을 준비하면서 되도록 우리나라 현실을 담으려고 노력했다. 유명 유튜버 선쁘의 사진을 넣으면 좋을 것 같아 인스타그램을 통해 연락했다. 최은경 교수가 나를 발견한 것처럼, 나도 우연히 유튜브에서 선쁘를 보았다. 그녀의 해맑은 미소와 화목한 가족의 모습이 그렇게 좋을 수 없었다. 나 말고도 많은 사람이 그렇게 느꼈기에 구독자가 많은 것이리라. 왠지 기분이 좋았다. 이제 우리 나라도 선진국 같다는 생각이 들었다. 가족 모두 선쁘의 사진을 논문에 싣는 데 흔쾌히 동의했다. 나는 논문을 의사들뿐 아니라 산모들에게도 소개했고, 산부인과 의사 대상 강의를 할 때 선쁘의 사진을 보여 주기도 했다. 당시 임신 중이었던 선쁘의 동생께 감사의 표시로 책을 보내며 건강한 출산을 기원했다. 이후 유튜브에서 이모 역할을 하는 선쁘의 모습과 예쁜 아기를 보면서 흐뭇한 느낌이 들었다.

최은경 교수의 메일에 답장을 쓰다 박주형 교수가 생각나서 소개했다. 결국 우리 셋은 메일로 연결되었다. 다운증후군 아들을 키우는 40대 간호학과 교수, 다운증후군 언니를 둔 30대 경영학과 교수, 거의 매일 임신 중 다운증후군 선별검사에 대해 설명하는 50대 산부인과 교수가 친구가 된 것이다. 불현듯 함께 책을 쓰면 어떨까 싶어 말을 꺼냈다. 최은경 교수가 만남을 제안했다. 우리는 단톡방을 만들어 수다를 떨었고, 서로의 혈액형 맞추기 놀이를 하면서 더욱 친해졌다. 스티브 잡스의 말이 떠올랐다. "창의성이란 그저 사물을 연결하는 것이다." 셋이 연결되면 뭔가 대단한 것을 창조해 낼 것 같다는 과대망상적인 생각이 들었다. 드디어 우리는 오프라인에서 만나기로 했다.

처음 만나기로 한 날은 아침부터 설렜다. 어쩌면 삶에서 가장 의미 있는 날이 될지 모른다는 기대가 들었다. 혹시나 초면에 어색한 분위기가 되면 어떡할까 싶어 향이 좋은 레드 와인 한 병을 챙겨 나갔다. 쓸데없는 고민이었다. 만나자마자 너무 반가워 서로 끌어안았고 자연스럽게 이야기꽃을 피웠다. 식사를 마칠 무렵 우리는 환상적인 팀이 되었다. 최은경 교수는 내 책을 가져와 밑줄 친 부분을 펼쳐 보여 주었다. '아, 이게 바로 글의 힘이구나!' 누군가가 우리 셋이 마무리하게 될 책에 밑줄을 치며 공감하고 위로받는 순간이 올 것을 상상했다. 나의 책 《태어나줘서 고마워》의 편집자인 이한경 선생도 참석해 많은 조언을 해주었다. 내 책은 10년 전 우연히 페이스북에 올린 글에서 시작되었다. 선쁘의 동생과는 인스타그램 DM으로 만날 수 있었다. 최은경 교수는 후배 병원의 유튜브에서 나의 인터뷰 영상을 보고 내게 연락했다. 이제 그가 글 쓰는 플랫폼 '브런치'를 가르쳐주었으니 이 우연은 어떤 인연으로 이어질까? 새삼 소셜 미디어의 순기능에 감탄하지 않을 수 없다.

염색체 이상이
있었던 아기들

A는 우리 병원에서 수련을 마친 내과 의사다. 산전에 아기가 다운증후군인 것을 알았지만 임신 종결을 원하지 않았다. 아기는 건강하게 태어났다. 지금은 중학교 2학년 정도 되었을 것이다. 엄마 아빠를 닮아서 야무진 다운증후군 학생이리라 상상해본다.

《태어나줘서 고마워》에 나오는 B의 아기는 에드워드증후군이었지만, 부모는 확고히 임신 유지를 원했다. 아기가 태어난 후 아빠는 신생아 중환자실 의료진에게 에드워드증후군이라서 심장 수술을 주저해야 할 이유가 구체적으로 무엇인지 물었다. 아기는 선천성 심장질환 수술을 받고 만개한 벚꽃처럼 1년 정도 부모의 사랑을 듬뿍 받다가 벚꽃잎이 바람에 떨어지듯 세상을 떠났다.

C 역시 출생 전 아기의 에드워드증후군을 진단받고, 임신 유지를 원하는 상태로 나를 찾아왔다. 아기는 출생 후

심장 등 여러 장기를 수술받았다. 산모는 아기에게 최선을 다했지만, 입원 기간이 점점 길어졌다. 감사하게도《태어나 줘서 고마워》의 인세를 C에게 기부할 수 있었다. 아빠는 별로 내 기억에 남지 않았다.

다른 산모와 비슷한 모습으로 나를 찾아온 D는 터너증후군이었다. 언니에게서 난자를 기증받아 임신했다. 예쁘고 밝은 미소를 띤 모습이 늘 생생하다. 키는 나보다 약 5cm 작을 뿐이었다(터너증후군의 평균 신장은 146.9±5.8cm이다. 터너증후군은 무월경으로 병원을 처음 찾는 경우가 많고, 여성호르몬과 성장호르몬을 지속 투여한다.) 밝은 그녀와 잘 어울리는 남편이 병실에서 예쁜 아기를 안고 있었다. 기쁨이 넘치는 그 얼굴에서 '난 정말 훌륭한 아빠가 될 테야'라는 다짐이 전해졌다.

출생 후 다운증후군임을 알게 된 아기도 더러 있다. 다운증후군 선별검사를 확진 검사로 오해했던 한 엄마는 출산 직후에 매우 힘들어했다. 나는《잘 왔어 우리 딸》이라는 서효인 시인의 책을 선물했다. 최근에는 쌍둥이 출산 후 한 아기가 다운증후군임을 알게 된 산모도 있었다. 내 앞에서는 눈물을 흘렸지만, 훌륭한 엄마가 될 것을 믿어 의심치 않는다.

사실 산전에 목덜미 투명대 증가 및 선별검사 이상으로 융모막 검사나 양수검사를 통해 다운증후군이나 에드워드증후군, 성염색체 이상을 확진받고 임신을 종결한 경우가 더 많다. 최근 태아 DNA 선별검사(NIPT)가 점점 많이 시행되면서 산전검사가 더욱 정밀해져 다운증후군뿐만 아니라 성염색체 이상도 미리 진단되는 경우가 늘고 있다. 〈우리들의 블루스〉의 인기로 전 국민이 다운증후군 등 염색체 이상에 대해 관심을 갖게 된 것은 얼마나 다행한 일인가!

노을이를
위해서

오후 한 시에 시작한 외래가 다섯 시를 넘기고 있었다. 아직도 대기 환자가 여덟 명이었다. 산모들은 나름대로 사연이 있었다. 문제없는 산모가 거의 없었기에 나의 목소리는 세 시부터 갈라졌고, 방광은 무감각해진 지 오래였다.

외래는 거의 여섯 시에 마무리되었다. 보통 같으면 몸과 마음이 고갈되는 시간. 그러나 오늘은 뿌듯하기만 했다. 오전에 받은 메일 덕분이었다.

오수영 교수님, 안녕하세요.

처서가 지나고 제주는 아침 저녁으로 꽤 선선한 바람이 불어 곧 가을이 올 것만 같습니다. 아직 한낮엔 해가 살이 탈 정도로 뜨겁지만 만물은 자신의 시간을 묵묵히 달려가고 있네요.

건강히 잘 계시지요? 제주에서 진료 보러 삼성서울병원 다녀갔던 조○○ 산모라고 해요. 언젠가 꼭 한 번 인사드려야지 생각만 하다가 출산 전에는 꼭 감사 인사를 드리고 싶어 이렇게 용기 내어 마음을 전해요.

교수님께 가기까지 저의 이야기를 꼭 들려 드리고 싶어서요. 아들만 셋인 저희가 딸 하나 더 낳자고 임신을 계획한 것은 아니고요. ^^ 생명은 우리를 지으신 하나님께 있기에 또 자녀를 주신다면 감사히 받자 남편과 이야기했었어요. 그렇게 2022년이 시작되고 저희에게 또 다시 온 우주를 품는 그 일이 시작되었습니다.

임신 초기에는 입덧이 너무 심해서 먹기도 힘들었어요. 입덧 약이 있는 것도 처음 알았고요. 임신을 중단하고 싶을 만큼 너무 힘들었는데, 입덧 약을 먹으면서 힘들게 버텼습니다. 임신 10주에는 온 가족이 코로나에 걸려서 저는 고열에 정말 거의 죽을 뻔했지요.

임신 12주에는 아기의 목덜미가 4mm라고 니프티 검사를 권유받았어요. 검사를 받으면 무엇이 달라지냐고 여쭈었고, 결국 아무것도 달라질 것이 없음을 알았어요. 13주차에는 태아수종이라는 진단과 함께 아기가 출산까지 못 갈 거라 하셨습니다.

부모가 늦기 전에 빨리 결정을 하라고 하셨는데, 우리가 무엇을 결정할 수 있나요? 아기의 심장은 여전히 뛰고 있고, 입덧은 끝날 기미조차 보이지 않는데.

16주차에 제주대학병원으로 전원해 양수검사를 받았습니다. 1차 병원에서는 전혀 가망이 없다고 하셨는데, 제주대학병원에서 만난 강혜심 교수님께서는 희망을 말씀하셨습니다. 양수검사 결과가 모두의 바람대로 되었더라면 좋았겠지만요.

염색체 이상도 모자라 아기의 심장에 구멍이 있다는 것을 발견하고 우리에게 허락하신 생명을 어찌할 수 없는 현실에 절망하고 슬퍼했습니다. 하나님께 그저 오늘을 살아갈 하루치의 믿음만 달라고 기도했습니다. 그래서 밤이 되면 절망으로 눈물 흘려도 아침이 되면 새 소망으로 일어날 수 있었어요. 그렇게 하루하루 절망과 슬픔을 견뎌냈습니다.

다운증후군에 관련된 책을 읽고, 관련 영상을 찾아보았어요. 맘 카페나 블로그에는 온통 아기를 보내주고 왔다는 글뿐, 다운증후군에 대한 정보를 찾을 수 없었습니다. 낳아 키우는 분들의 이야기를 찾기가 힘들었어요. 그러다가 교수님의 다운증후군 관련 영상과 기사를 보고, 직접 쓰신 《태어나줘서 고마워》도 읽었습니다. 강혜심 교수님께서 서울로 진료를 보내실 때 오수영 교수님이라고 적어주셨는데, 그때만 해도 제가 만나게 될 의사 선생님이 영상으로 보았던 그 오수영 교수님인지 몰랐어요. ㅎㅎ 그렇게 교수님을 찾게 되었습니다.

저를 따뜻하게 맞아 주시고, 우리 아기를 귀한 생명 그 자체로 대해주셔서 감사드려요. 안타까운 시선이 아니라 생명은 존귀한 것이고 사랑받아 마땅한 그대로, 그 시선으로 바라보아 주셔서 감사합니다. 그리고 저 같은 엄마들을 위해 여러 글들과 영상을 통해 희망과 소망을 이야기해주셔서 정말 감사해요, 교수님. 심장 관련 책도 찾아서 보내주셔서 너무 감사합니다.

2022년 어느 해보다 뜨거운 여름을 지나는 동안, 이 아기를 통해 우리가 정상이라고 만들어 놓은 틀 안에서 비정상이라고 하는 것들이 얼마나 세상의 편견에 갇혀 있는지, 무엇이 사람을 온전하게 하는 것인지 배워가고 또 앞으로의 삶 가운데 배워가게 하실 것이라 믿어요. 세상은 이 일을 불행이라 말하지만 삶을 행복과 불행으로만 정의하기에는 우리에게 허락하신 삶의 색깔과 결이 너무나 깊어서 감히 '내 인생은 없어, 아픈 아이를 키우느라 내 삶은 끝났어, 기쁨과 소망이 없어.'라고 말할 수 없습니다.

여전히 두려운 마음도 들지만 그럼에도 저희들에게 닥친 이 현실을 기쁨으로 받아들이고 싶습니다. 저는 제 나이가 많아 확률적으로 이 아이가 우리에게 왔다고 생각하지 않습니다. 온 우주를 돌아 돌아 우리 가족에게 왔다고 믿어요.

계속 작았던 아기가 35주차에는 2.4킬로까지 컸어요. 오늘로 아기는 37주 2일이 되었어요. 어제 태동검사도 잘 했고요, 지금도 배 속에서 아주 활발하게 잘 움직이고 있습니다. 지난 8개월을 돌아보면 모든 순간, 모든 고비고비마다 정말로 많은 분들의 기도가 이 아기를 살리시고 이 아기를 자라게 했습니다. 37주차에 아기의 심장이 갑자기 멈춰버린 어느 연예인 부부 이야기를 인터넷 기사로 접하면서 생명은 당연히 오는 것이 아님을 또 다시 깨달았습니다. 우리 삶에 당연한 것은 하나도 없습니다.

아기의 이름은 유 노을이에요 교수님~ 제가 사는 제주 구좌의 행원에서 바라보는 보랏빛 노을은 정말로 황홀할 정도로 아름다워요. 어느 날 문득, 지는 해를 바라보다 눈물이 났습니다. 노을은 늘 더 보고 싶고, 붙잡고 싶습니다. 우리 노을이를 바라볼 때 하나님에게도, 사람에게도 그렇게 늘 아름다운 사람으로 기억되길 바라는 마음으로 노을이라 지었어요.

짧은 교수님과의 만남을 따뜻함으로 기억하게 해주셔서 감사합니다. 교수님 때문에 제가 더 소망으로 이 아이를 기다릴 수 있었어요. 출산하면 소식 전해드려도 될까요? 늘 건강하시고, 다가오는 가을이 우리 모두에게 풍성한 수확을 주는 계절이 되었으면 좋겠습니다.

안녕히 계세요 교수님

(저희 세 아들들과 노을이 초음파 사진이에요^^)

나이가 많아 확률적으로 아이가 우리에게 왔다고 생각하지 않는다는 그녀, 온 우주를 돌아 돌아 우리 가족에게 왔다고 믿는 그녀와 가족들, 나는 그녀가 누구보다 훌륭한 엄마일 것이라고 생각한다.

그런 엄마의 딸 노을이의 건강과 행복을 기원하며, 노을이의 심장 수술 때 병실을 찾아가 분홍색 아기 원피스와 카드를 건넸다.

우리는 다운증후군을
알아야 한다

 우리는 왜 다운증후군을 알아야 할까? 여기서 '우리'란 비단 산부인과 의사만이 아니다. 미래의 엄마 아빠가 될 사람만도 아니다. 사회의 모든 구성원이 '우리'다. 다운증후군을 알아야 하는 가장 중요한 이유는 생존아 700명 중 1명꼴로 매우 흔하기 때문이다. 다운증후군은 산모의 나이가 많을수록 더 많이 생긴다. 결혼 및 출산 연령이 갈수록 늦어지므로 다운증후군 출생 역시 갈수록 증가할 것이다. 우리나라 연구에 따르면 다운증후군 출생 빈도는 2005~2006년 출생아 1만 명당 3.7명에서 2007~2015년에는 약 5.0명으로 늘었다.

얼핏 보면 다운증후군 출산이 늘어난 것 같지만, 같은 기간 평균 출산 연령이 2005년 30.2세에서 2015년 32.2세로 높아졌으며, 다운증후군 산전 진단이 점점 늘고 있으므로 태어나는 경우보다 임신이 종결되는 경우가 훨씬 많으

리라 짐작할 수 있다. 그 뒤로도 출산 연령은 꾸준히 높아져 2022년에는 33.5세에 이르렀고, 35세 이상 고령 산모도 35.7%를 차지했다. 외래에서 40세 넘은 산모를 만나는 일도 흔하다. 이런 추세를 생각하면 우리나라 다운증후군의 자연 발생률은 2022년 기준 출생아 575명 중 1명이 될 것으로 예측된다.

언젠가 '삼성다운증후군재단'이 생기면 좋겠다는 생각이 들었다. 컴퓨터에 폴더를 만들어 둔 지 수년째이지만 영향력 있는 사람을 만나 설득할 용기와 적극성이 없었다. 그러나 다운증후군 또는 에드워드증후군임을 산전에 알고도 출산해 아기에 최선을 다하는 부모들을 보아왔기에, 항상 그들의 마음을 생각한다. 2020년 책을 출간하면서 인세를 우리 병원에서 태어난 염색체 이상 환아의 치료비에 전액 기부했다. 몇 년 전 '산부인과 의사가 알아야 할 다운증후군'이라는 논문을 쓰고 강의를 준비하면서, 전공의 때부터 지금까지 약 28년간 보았던 다운증후군 태아들을 떠올리지 않을 수 없었다. 산부인과 의사로서 나는 거의 매일 다운증후군 선별검사에 대해 설명하고, 종종 출생 전에 다운증후군으로 확진된 태아에 관해 상담한다.

최근 낙태법 위헌 판결로 다운 천사들이 세상에 태어날 가능성이 크게 줄었다. 그러나 종결해야 할 것은 다운증후군 태아가 아니라, 사회적 편견과 차별이다. 사람의 염색체는 스물세 쌍이 있고 다운증후군은 그중 21번 염색체가 하나 더 있는 상태다. 오랫동안 우리는 21번 염색체만 생각했다. 그러나 나머지 22쌍의 염색체는 부모에게서 하나씩 받은 것이다. 다운증후군 아기도 모든 것을 부모에게서 물려받은 귀한 존재인 것이다.

"지능 저하가 있는 아이를 어떻게 평생 돌볼 수 있을까요?"라고 묻는다면 이렇게 답하고 싶다. "자식이 독립해 떠나는 순간, 대개 부모는 깊은 외로움을 느낍니다. 다운증후군을 가진 아이는 독립하기까지 시간이 조금 더 걸립니다. 그 시간이 부모로서 오롯이 행복의 순간이 될 수 있음을 많은 사람이 체험하고 SNS에도 공유합니다. 그리고 다운증후군은 행복지수가 높다고 알려져 있어요. 주변을 잘 파악하지 못하기도 하지만, 긴장을 덜하는 특징도 있습니다. 그러니 주변을 의식하지 않고 집중이 필요한 운동이나 음악을 시켜보면 어떨까요?"

정작 진료실에서는 이 말을 한 번도 꺼내지 못했다. "선생님이 키우실 것도 아니면서 어떻게 그런 말을 할 수 있어요?"라는 대답을 들을까 두려웠다. 실제로 그런 말을 듣기도 했다. 다운증후군이 진단되는 순간 의사의 이야기는 귀에 들어오지 않을 것이다. 우리는 오랜 시간 장애에 대한 선입견을 학습해 왔으므로 10분 남짓한 진료 중에 설득하기는 불가능하다. 부디 이 책을 통해 선입견을 허물고 다운천사를 만날 일이 더 많아졌으면 좋겠다.

염색체 이상에 대한 몇 가지 기초 지식

 **유전질환의 넓은 의미와 좁은 의미**

다운증후군을 검색하면 '유전질환'이라고 나온다. 흔히 가족 중에 다운증후군이 없는데 어떻게 아기가 다운증후군이 될 수 있느냐는 질문을 받는다. 여기서 유전질환이란 부모에서 아기로 전달된다는 뜻이 아니라, 유전 정보가 들어 있는 염색체의 이상이라는 뜻이다. 다운증후군 환아의 부모 염색체는 95%가 정상이다.

염색체와 유전자는 어떻게 다른가

우리 몸의 모든 세포에는 22쌍의 상염색체와 1쌍의 성염색체가 있다. 염색체에 부호화coding된 유전자 수는 약 2만 개에 달한다. 예를 들면 1번 염색체에는 약 2,058개의 유전자가 있고, 21번 염색체에는 234개의 유전자가 부호화되어 있다.

유전질환에는 단일 유전자 질환 single gene disorder, 염색체 이상 chromosomal disorder, 다인자성 질환 multifactorial disorder이 있다. 예를 들어 혈우병은 단일 유전자 질환이고, 다운증후군은 염색체 이상이며, 당뇨나 고혈압은 다인자성 질환이다. 넓은 의미로 보면 많은 병이 유전질환에 속한다. 인구의 3분의 2는 평생 한 번 이상 유전적인 원인에 의한 질병을 경험한다.

염색체 이상의 빈도

20주 이상의 출생아 약 250명 중 1명으로 비교적 흔하다. 염색체 이상이 심하면 임신 초기에 자연 유산되는 경우가 많다. 관점을 바꿔보면 자연 유산의 약 50% 이상이 태아의 심한 염색체 이상 때문이다.

염색체 이상의 종류

염색체 이상은 숫자의 이상과 구조의 이상으로 나뉜다. 숫자의 이상에는 다운증후군 같은 상염색체(1번부터 22번까지의 염색체) 이상과 성염색체(23번 염색체인 X, Y 염색체) 이상이 있고, 구조의 이상에는 염색체의 부분적인 결실 deletion이나 중복 duplication, 역위 inversion, 전좌 translocation 등이 있다.

염색체 이상은 증상을 일으키는 것도 있지만 그렇지 않

은 경우도 있다. 예를 들어 9번 염색체 역위는 정상 변이로 간주되고 증상도 없다. 또한 한 염색체의 일부분이 다른 염색체의 일부분과 뒤바뀌는 현상을 상호전좌라고 하는데, 이때도 증상이 없기 때문에 모르고 지나가는 경우가 많다.

다운증후군에 대한 기초 지식

생존아 700~800명당 1명의 빈도로 발생하며, 산모 연령이 높을수록 발생 빈도가 높다. 2007년~2016년 우리나라에서는 매년 약 200~277명의 다운증후군 신생아가 출생했다. 미국에서는 매년 5,000~6,000명의 다운증후군 신생아가 출생한다.

다운증후군에서 '다운'은 up의 반대인 down이 아니라, 1866년 21번 염색체 이상을 처음 기술한 영국 의사 존 랭던 다운John Langdon Down의 이름을 딴 것이다. 그의 이름이 John Langdon Up이었다면 업증후군이라고 했을 것이다. 따라서 다운증후군을 영어로 쓸 때는 D를 대문자로 해서 'Down' 증후군이라고 적는다.

다운증후군에서 지적장애의 정도는 개인마다 다르나, 대부분 경증(지능지수 50~70)에서 중등도(지능지수 35~50)이며, 심한 지적장애(지능지수 20~35)는 드물다. 지능 저하로 인해 학습을 할 수 없는 것은 아니다. 단지 배우는 속도가 느리며, 내용을 완전히 이해하고 판단하기가 조금 더 어려울 뿐이다. 1년 간격으로 다운증후군 자녀와 부모의 지능지수를 측정한 연구에 따르면 자녀의 지능지수는 부모의 지능과 연관이 있고, 그 상관관계는 자녀의 연령이 높아질수록 더 커졌다.

성염색체 이상에 대한 기초 지식

빈도는 약 400명 중 한 명으로 다운증후군의 발생 빈도보다 2배 높다. 성염색체 이상은 대개 지능과 무관하다. X염색체가 1개(45, X)인 터너증후군과 성염색체가 3개(47, XXY)인 클라인펠터증후군은 각각 여성 불임과 남성 불임의 원인이 될 수 있다. 최근 미세조작, 시험관아기 시술 등으로 클라인펠터증후군 남성이 자녀를 갖는 빈도가 느는 추세다. 터너증후군 역시 자매 난자 공여 등의 방법으로 임신할 수 있다. 성염색체가 하나씩 더 있는 47, XXX 및 47, XYY 등의 경우에도 생식 기능은 정상이다.

자궁경부 길이보다
다운증후군 선별검사에 관심을

임신 중에는 여러 가지 검사를 받는다. 다운증후군 선별검사로는 11~14주에 초음파로 시행하는 목덜미 투명대 검사와 산모 혈액을 이용한 통합검사 integrated test 및 태아 DNA 선별검사 noninvasive prenatal test, NIPT가 있다. 영국, 미국을 중심으로 산전 다운증후군 선별검사의 정확도를 높이기 위해 노력한 결과, 우리나라에서도 대부분의 산모가 시행받는 중요한 검사가 되었다.

자궁경부 길이와 조산과의 연관성에 대해서도 세계적으로 많은 연구가 수행되었다. 하지만 아직까지 대부분의 국가에서 저위험군 산모(조산 과거력이 없는 경우)에게 경부 길이의 측정을 권장하지 않는다. 이전에 조기진통이나 조기양막파수 등으로 조산한 적이 있는 고위험군에서 권장할 뿐이다. 그럼에도 산모들은 경부 길이가 조산 위험과 관련된다는 말만 듣고, 간혹 지나치게 걱정한 나머지 불필요한 수술을 받기도 한다. 아마 우리나라 산모 중 '짧은 자궁경부 길이'의 정의가 2.5cm 미만임을 모르는 사람이 거의 없을 것이다.

반면 임신 12주경에 다운증후군 선별검사를 시행해야 하며, 요즘은 산모 혈액을 이용한 검사에도 두 가지가 있어 어떤 검사를 받을지 선택해야 한다는 사실을 아는 산모는 별로 없다. '다운증후군 선별검사'를 '기형아 선별검사'로 오해하는 경우도 많다. 초음파에서 5~6cm 남짓한 태아의 '기형'을 모두 알 수도 없고, 보이지도 않기에 다운증후군 검사는 '선별검사'와 '확진검사'로 나뉜다. 선별검사는 위험도가 높은지 낮은지 알아보는 것이고, 확진검사는 말 그대로 다운증후군인지 아닌지 알아보는 검사다. 선별검사에서 위험도가 높다 낮다의 기준은 통합검사의 경우 약 270분의 1로, 이보다 높으면 고위험군이다. 고위험군으로 분류될 확률은 5% 정도로 맞춘다. 한편 NIPT 검사는 산모 혈액 속에 있는 태아 DNA를 이용해 다운증후군 위험도를 평가하는 방법으로, 고위험군으로 분류될 확률이 0.1% 정도이다. NIPT 검사를 처음 접하는 사람은 DNA를 이용한다는 점과 비싼 검사 비용을 보고 기존 통합검사보다 우월하다고 생각하기 쉽다. 하지만 모든 검사는 장단점이 있다. 예컨대 산모 혈액 속에 있는 태아 DNA의 양이 충분하지 않아 간혹 검사 결과를 얻지 못하거나 다시 채혈해야 하는 경우가 있다.

산모와 배우자가 다운증후군이 어떤 질환인지도 모르는 경우가 대부분이라 검사 당일 모든 설명을 이해하고 선택하기는 거의 불가능하다. 다운증후군 산전 검사를 받을지 말지 결정하는 것이 가장 중요하다. 다운증후군이라고 해서 임신을 종결해야 할 윤리적 이유가 없는 것은 당연하고, 의학적 사유도 되기 어렵다.

예전에는 설명이 비교적 간단했지만, NIPT검사가 세계적 유행인 현재는 다운증후군 선별검사를 설명하기가 쉽지 않다. 선별검사를 선택하기 전에 다운증후군이란 과연 무엇인지 정확히 알릴 필요가 있다는 생각에 간단한 안내문을 만들었다. 앞쪽에 검사의 종류와 설명을 담고, 뒷쪽에는 다운증후군에 대한 오해와 편견을 없앨 수 있는 인물 소개 및 〈다운회〉 등 국내외 사이트를 소개했다. 안내문은 임신 8주 방문 때 준다. 다음 방문 시 다운증후군 선별검사를 시행할 예정인데, 검사 종류가 복잡해 한 번에 이해하기 어렵고 다운증후군에 대한 선입견도 있을 수 있으니 미리 읽어 보라고 한다. 유튜브에서 다운증후군 아기를 키우는 우리나라 부모들의 동영상도 접할 수 있다고 알려준다.

12주에 목덜미 투명대 검사를 시행한 후에는 지난 번 드린 안내문을 읽어보았는지 묻고, 세 가지 옵션을 제시한다. 통합검사를 받거나, NIPT 검사를 받거나, 검사를 받지 않는 것이다. 세 번째도 중요한 선택이지만, 검사를 받지 않겠다는 산모는 거의 없다. 안내문 뒷쪽 다운증후군에 대한 오해와 편견을 없애기 위한 소개까지는 읽어보지 않는다는 생각이 가끔 들기도 한다. 유명한 유튜버인 선쁘는 팔로워가 1만 명이 넘는데, 그중 내 산모는 없는 것 같다는 생각에 빠지기도 했다.

제주도에서 한 산모가 찾아왔다. 나이는 40세. 양수검사를 통해 아기가 다운증후군임을 알고 동반된 심장질환의 진단과 출생 후 치료 상담을 위해서 온 것이었다. 이미 임신을 유지하기로 결정한 그녀에게 안내문 뒤쪽을 보여주면서 다운증후군 아들을 키우는 최은경 교수, 선쁘의 동생인 박주형 교수가 나와 친하다고 알려주었다. 집이 멀어 자주 올 수 없으므로 '무엇이든 물어보세요'라는 심정으로 명함도 건넸다. 아기의 심질환은 활로4징이 의심되었다. 선천성 심장질환 중 약 10%를 차지하는 비교적 흔한 질환이다. 올림픽 스노보드 3관왕인 손 화이트(Shaun White, 1986년생)도 어려서 이 병으로 수술을 받았다. 아기가 태어나면 내 친구인 흉부외과 양지혁 교수가 수술해 줄 것이다(실제로 아기는 출생 후 6개월쯤 본원에서 심장 수술을 잘 받았다).

  짧은 진료 동안 가슴이 뛰었다. 다운증후군 안내문을 미리 건넨 산모가 아니었다. 검색이 가능하도록 일부러 한글로 쓴 논문이나 인터뷰를 보았을까? 아기는 얼마나 예쁜 딸로 태어날까? 부모뿐 아니라 오빠들의 넘치는 사랑을 받을 것이다. 여자 아이는 체조를 배워 모델을 하는 것이 다운증후군의 장점을 살리면서 건강을 지키는 데 도움이 되는 것 같다. 실제로 현재 31세인 미국의 첼시 워너Chelsea Werner는 체조선수이자 모델이다. 아기는 아직 22주밖에 안 되었는데 나는 마치 대모라도 된 것처럼 상상의 나래를 펼친다. 다운증후군 배우이자 화가인 정은혜 님이 나오는 〈우리들의 블루스〉의 무대가 제주도인 것은 과연 우연일까? 궁금하기보다 감사할 따름이다.

임신 중 기형아 검사가
있다, 없다?

20년 이상 산모를 진료하면서 임신 중 가장 흔히 시행하는 검사인 '다운증후군 선별검사'를 '기형아 검사'로 오해하는 경우를 많이 접했기에, 검사의 정확한 목적과 내용을 요약해 보았다.

임신 중 '기형아 검사'라는 것은 없습니다.

임신 중 흔히 시행하는 검사는 '다운증후군 선별검사'이며, 이는 '기형아 검사'가 아닙니다. 따라서 산모뿐 아니라 의료진도 '기형아 검사 결과가 (비)정상이다.' 같은 표현은 사용하지 않는 것이 좋습니다. '다운증후군 선별검사가 저(고)위험군으로 나왔다.'라고 표현하는 것이 바람직합니다.

그럼 '다운증후군 선별검사'에는 어떤 검사가 있나요?

먼저 '선별검사'란 용어를 이해해야 합니다. 선별검사는 어떤 질환의 위험이 높은지 낮은지 알아보는 검사입니다. 따라서 다운증후군 선별검사 결과는 다운증후군일 확률로 보고됩니다(1000분의 1 또는 100분의 1 등).

다운증후군 선별검사는 두 가지가 있습니다. 첫 번째는 '통합검사'입니다. 임신 11~14주에 1차 검사, 임신 16~20주에 2차 검사를 한 후 두 번의 결과를 통합해 다운증후군 위험도가 몇 분의 몇인지 알아봅니다. 두 번째는 태아 DNA 선별검사(non-invasive prenatal test, NIPT, 일명 니프티 검사)로 산모의 혈액 속에 존재하는 태아의 DNA를 이용해 다운증후군의 위험도를 알아봅니다.

다운증후군 선별검사인 통합검사와 NIPT의 장단점은 무엇인가요?

통합검사의 다운증후군 검출률(detection rate, 질환이 있을 때 검사에서 이상 결과가 나올 확률)은 약 94~96%, NIPT 검사는 99%입니다. 통합검사에서 고위험군 결과가 나올 확률은 약 5%인 반면, NIPT 검사에서 고위험군으로 나올 확률은 약 0.1%입니다. 따라서 다운증후군 '선별'이라는 측면에서는 NIPT 검사가 통합검사에 비해 우월합니다. 그러나 비교적 최근 기술이기 때문에 비싸고, 2~4%는 산모 혈액 내 태아 DNA의 양이 적어 분석이 불가능합니다. 또한 간혹 NIPT 검사로 검출되지 않는 염색체 이상도 있습니다. 통합검사는 2차 채혈 시 '태아알파단백(AFP)'이라는 물질을 함께 측정해 다른 종류의 태아 이상인 '신경관결손증'을 함께 선별합니다. 반면 약 12주에 시행되는 NIPT 검사에는 신경관결손증 선별이 포함되지 않기에, 보통 16주에 태아알파단백 검사를 따로 시행합니다. 결국 두 번 채혈하는 것은 마찬가지입니다.

통합검사와 NIPT 검사에서 고위험군으로 나온 아기가 실제로 다운증후군일 확률은 어느 정도인가요?

통합검사 결과가 고위험군으로 나온 아기가 실제로 다운증후군일 확률은 약 5%입니다. NIPT 검사 결과가 고위험군으로 나온 아기가 실제로 다운증후군일 확률은 산모의 나이에 따라 달라 30세에서 61%, 35세에서 79%, 40세는 93%입니다.

또한 드물지만 통합검사나 NIPT 검사에서 저위험군으로 나와도 출생 후 다운증후군으로 진단되는 경우가 있습니다.

선별검사에서 고위험군으로 나온 경우 다운증후군 확진 검사는 어떻게 진행되나요?

확진 검사는 태아의 세포를 직접 얻어서 염색체를 분석하는 방법으로 아기가 실제로 다운증후군인지 알아봅니다. 확진 검사는 융모막 검사 또는 양수검사 등 침습적 방법을 이용합니다.

어떤 종류의 다운증후군 선별검사를 선택해야 하나요?

두 가지 선별검사 중 어떤 검사를 받을 것인지는 검사 목적 및 장단점을 고려해 산모와 배우자가 상의해서 결정합니다. 다운증후군 선별검사를 원치 않는 경우에는 통합검사나 NIPT 검사를 받지 않을 수도 있습니다.

다운증후군은 어떤 염색체의 이상인가요?

다운증후군은 원래 두 개인 21번 염색체가 세 개 존재하는 염색체 이상으로, 생존아 약 700명당 1명꼴로 발생합니다. 우리나라에서는 2007~16년 사이 9년간 매년 약 200~277명의 다운증후군 신생아가 출생했습니다. 다운증후군의 기대수명은 과거보다 많이 늘어 평균 60세 정도입니다. 우리나라에도 다운증후군 배우, 화가, 모델이 있으며, 다운 천사를 키우는 엄마들의 영상을 유튜브 등 SNS에서 쉽게 접할 수 있습니다.

다운증후군에 대한 자세한 정보는 사회복지법인 다운회에서 얻을 수 있습니다. '다운회' 정보자료실에서 다운증후군 영유아 부모를 위한 안내서 〈다운 천사 키우기〉, 다운증후군 아기 부모를 위한 〈우리 아이 육아수첩〉, 다운증후군 당사자를 위한 가이드북 등을 전자책으로 제공합니다.

이 글은 저자가 2022년 하반기 건강보험심사평가원 전문기자단(네이버 포스트) 활동의 일환으로 작성했던 칼럼입니다.

다운증후군
Q & A

 **다운증후군은 얼마나 흔한가요?**

다운증후군은 21번 염색체가 세 개인 경우로 염색체 이상 중 가장 흔합니다. 생존 출생아 약 700~800명 중 1명꼴로 발생합니다. 참고로 임신 시 태아 염색체 이상의 빈도는 0.4%입니다. 그중 다운증후군이 50% 이상을 차지하고, 18번 염색체가 하나 더 있는 에드워드증후군이 15%, 13번 염색체가 하나 더 있는 파타우증후군이 5%를 차지합니다.

다운증후군은 산모의 나이가 많을수록 늘어난다고 하는데 구체적인 위험도는 어떻게 되나요?

산모 나이가 25세인 경우 신생아의 다운증후군 위험도는 출생아 기준 약 1,340분의 1이지만, 30세라면 940분의 1, 35세라면 약 350분의 1, 40세라면 약 100분의 1, 44세인 경우는 약 30분의 1로 높아집니다.

다운증후군은 유전질환인가요?

넓은 의미에서 다운증후군은 21번 염색체가 하나가 더 있는 유전질환이 맞습니다. 그러나 이 염색체는 대부분 (95%) 부모에게서 전달된 것이 아니라 난자의 세포분열 과정에서 발생하므로, 좁은 의미에서 유전병이라고 할 수는 없습니다. 즉, 부모는 대부분 정상 염색체를 갖습니다.

첫째가 다운증후군인데 부모의 염색체 검사가 필요한가요?

전체 다운증후군의 95%는 21번 염색체가 세 개 있는 삼배수체 trisomy 입니다. 이때는 부모의 염색체 검사가 필요하지 않고, 재발률 역시 산모 나이에 따른 일반적 빈도보다 높지 않습니다. 나머지 3~4%를 차지하는 불균형 전좌 unbalanced translocation 에 의한 다운증후군에서는 부모의 염색체 검사가 필요합니다.

임신 중 다운증후군 선별검사에서 저위험군으로 나왔다면 태아는 반드시 정상인가요?

그렇지 않습니다. 다운증후군 선별검사가 정상이어도 이후 초음파 검사에서 심장, 뇌, 신장 등 주요 장기에 이상 소견이 발견될 수 있고, 드물게 출생 후에 다운증후군으로 진단되기도 합니다. 아기의 2~3%는 신체 구조의 이상을 갖고 태어납니다. 염색체 수는 정상이라도 미세 결실 또는 유전자 이상이 있을 수 있고, 염색체와 유전자에 이상이 발견되지 않아도 주요 장기에 이상이 나타나기도 합니다. 의학적으로 출생 후 5세까지 추가적인 이상이 발견될 확률은 3%, 어른이 되기 전에 추가적인 기능 또는 발달 이상이 진단될 확률은 8~10%에 이릅니다. 즉, 어른이 되어서 당뇨나 고혈압이 발생할 확률과 거의 비슷한 수준입니다.

저는 약 24년째 산부인과 전문의로 일하면서 다운증후군처럼 비교적 흔한 염색체 이상은 물론 몇만 명 중 한 명 꼴로 발생하는 드문 태아 질환들을 진료했습니다. 정말 치료가 어려운 유전 질환도 있었고, 신생아 때부터 투석을 하면서 버티다가 신장 이식을 받아야 하는 아기도 있었으며, 안구가 발달하지 않아 앞을 볼 수 없는 아기도 있었습니다. 구조적 이상은 아니지만 24주에 태어나는 바람에 뇌성마비가 발생해 재활 치료를 받은 아기들도 있었습니다.

저는 '기형'이란 표현을 쓰지 않으려고 노력합니다. 정상 구조와 크게 다르다는 뉘앙스가 느껴지기 때문입니다. 대신 '구조적 이상'이란 말을 사용합니다. 구조적 이상은 대부분 현대의학으로 치료할 수 있습니다. 다운증후군 아기는 심장 또는 위장관의 구조적 이상을 가지고 태어나는 경우가 약 절반 정도이지만, 다운증후군이 없는 아기들과 동일하게 수술적 치료로 교정할 수 있습니다.

미국에서는 매년 5,000~6,000명의 다운증후군 신생아가 출생합니다. 우리나라에서는 매년 약 200~277명의 다운증후군 신생아가 출생합니다.

다운증후군의 선별검사에도
'예방접종'이 필요하다

산전 진단 시에는 왜 시행하는지도 모르고 검사를 받는 경우가 많다. 의료진도 바쁘기 때문에 충분한 설명을 못 하거나, 안 하기도 한다. 그러나 임신 중 태아의 목덜미 투명대가 증가되거나, 통합검사 또는 NIPT검사에서 고위험군인 경우, 초음파 검사에서 이상 소견(방실중격결손증 등 심장질환, 십이지장 폐쇄 등)이 발견되어 다운증후군 고위험군이란 이야기를 듣는 순간 부모는 엄청난 걱정과 감정의 소용돌이를 겪는다. 양수검사나 융모막검사 같은 확진 검사가 남아 있어도 마찬가지다. 하지만 이들이 먼저 접하게 되는 인터넷의 정보는 낡은 지식이거나, 전문가의 지식이 아니거나, 편향된 지식일 가능성이 높다.

대표성이 있는 기관이나 전문 학회에서 제공하는 정보를 통해 다운증후군이 어떤 염색체 이상인지 검사 전에 미리 안다면 산전 진찰 과정에서 '예방접종'을 받은 것처럼 긍정적인 역할을 하게 될 것이다.

다음은 미국 유전상담사협회^{National Society of Genetic Counselors}에서 산전 또는 산후 다운증후군 진단 시 의료진이 반드시 전달하도록 권장하는 항목들이다.

① 다운증후군은 21번 염색체가 하나 더 있는 염색체 이상으로 신체적 소견을 보고 의심하지만 최종 진단은 염색체 검사로 내립니다.
② 다운증후군 어린이는 경증에서 중등도까지 다양한 범위의 지적장애를 갖고 있습니다.
③ 다운증후군 어린이는 발달이 지연될 수 있으나 물리치료, 작업치료, 언어치료 등 조기 치료를 통해 도움을 받을 수 있습니다.
④ 다운증후군 신생아의 약 80%에서 근긴장도 저하가 동반됩니다.
⑤ 다운증후군 신생아의 약 50%는 선천성 기형이 동반되어 수술적 치료가 필요합니다(예컨대 40~60%에서 심장질환, 12%에서 위장관 이상이 동반됨).
⑥ 다운증후군 어린이는 다운증후군의 특성도 있지만 또래 아이들과 비슷한 점이 더 많습니다.
⑦ 다운증후군 어린이를 키우는 것은 다른 아이들에 비해

더 많은 시간이 들 수 있습니다.

⑧ 다운증후군을 가진 사람도 지역사회 스포츠, 활동 및 리그에 참여할 수 있습니다.

⑨ 다운증후군을 가진 사람도 특수 교육 수업이나 정규 수업을 받을 수 있으며, 대부분 고등학교를 마칠 수 있습니다.

⑩ 다운증후군을 가진 사람도 경쟁적 직업 또는 작업장 환경에 고용될 수 있습니다.

⑪ 다운증후군을 가진 사람은 독립적으로 또는 그룹 홈에서 살 수 있습니다.

⑫ 다운증후군을 가진 사람은 친구를 사귈 수 있고 친밀한 관계를 맺을 수 있습니다.

⑬ 다운증후군을 가진 사람의 평균 수명은 50대 내지 60대로 연장되었습니다.

다운증후군
상담 지침의 변화

미국소아과학회 다운증후군 어린이 건강 상담지침은 총 네 차례 개정되었다(1994, 2001, 2011, 2022년). 1994년 발표된 첫 지침은 다섯 쪽에 불과했고, 산전 진단된 다운증후군에 대한 설명도 매우 빈약했다. 그러나 가장 최근인 2022년 지침은 일단 제목부터 다운증후군 어린이뿐 아니라 청소년을 포함했고 내용도 총 24쪽으로 늘었으며 산전 상담도 약 2쪽에 걸쳐 상세히 기술했다.

산과적 상담과 관련해 2022년 지침에서 개정된 주요 내용은 다음과 같다.

① 산전 진단과 임신의 유지 옵션에 관해 2011년 지침에는 '만약 임신 유지를 원한다면If the pregnancy is continued'이라고 기술한 반면, 2022년 지침에는 '임신을 유지함에 따라As the pregnancy continues'라고 수정되었다. 'IF'라는 단어가 'AS'로 바

뀐 것뿐이지만, 한 단어가 주는 뉘앙스는 실로 엄청나다.

② 다운증후군 신생아가 출생했을 때 2011년 지침에는 '축하한다는 말을 포함해야 한다 Include first congratulation'라고 했으나, 2022년 지침에는 '맨 먼저 축하한다고 말해야 한다 Should first congratulate'라며 긍정적 전달을 강조했다.

③ 의사가 다운증후군 당사자의 삶의 질이 크게 향상되었음을 인식해야 한다는 점을 강조했다. 예컨대 다운증후군 당사자는 자폐가 동반되지 않은 한 인지기능검사로 예측한 것보다 사회적 상황에 더 효과적으로 적응한다. 사회-정서적 능력도 다양하고, 조기 개입 및 치료를 통해 초기 성인기까지 지속적으로 향상될 수 있다.

2022년 개정판에서 의료진에게 권장하는 가족과의 소통 방법은 다음과 같다.

① 진단 시점에 즉각적인 조언
- 먼저 가족에게 축하인사를 건넨다.
- 아이의 이름을 부른다.
- 존중하는 태도로 소통한다.
- 어머니, 아버지, 가족을 지지하는 사람을 같이 참석시킨다.

② 도움이 되는 상담 요령

- 최신 지견에 바탕을 둔 정확한 정보를 제공한다.
- 개인적인 의견과 경험에 의존하기보다 균형 잡힌 접근이 필요하다.
- '사람 우선 호칭person-first language'을 사용한다(child with Down syndrome, 우리말과는 어순상 맞지 않는다).
- 다운증후군 자녀를 키우는 부모 및 지원 그룹에 연결해준다.
- 다운증후군 당사자의 삶의 잠재력에 대해 이야기한다.

③ 가족 내 상호 작용과 개인의 관점을 가족과 공유(아래 내용을 공유)

- 다운증후군 당사자는 거의 99%가 자신의 삶에 만족하며, 97%는 자기 자신을 좋아한다. 스스로 비장애인과 비슷한 희망과 꿈을 갖고 있음을 강조하며, 의료진이 그 가치를 소중히 여겨주기를 바란다.
- 다운증후군 자녀를 키우는 부모의 79%는 삶에 긍정적인 관점을 갖게 되었다.
- 형제자매 중 88%는 다운증후군을 가진 형제자매 때문에 자신이 더 나은 사람이 되었다고 느낀다.
- 대다수의 가족은 만장일치로 사랑과 자부심을 느낀다고 했다.
- 최근에는 가족 내에 긍정적인 분위기가 우세하다고 보고되었다.

물론 이것은 미국의 지침이다. 우리나라도 최근 아래와 같이 SNS를 통해 다운증후군 가족의 육아 및 일상을 공유하는 경우가 많아졌기에 언젠가는 달라질 것이다. 아니, 이미 변화는 시작되었다.

- 쥬순맘은 쌍둥이 엄마로서 '장애 아이와 비장애 아이의 행복한 이야기'라는 제목으로 다운증후군을 가진 아기의 육아 과정을 SNS에 공유한다. 이 채널의 구독자는 8,700명이며, 조회수는 2,877,367회에 이른다.
- 선쁘는 다운증후군 성인의 행복한 일상을 공유한다. 구독자는 1만 5,000명이며 조회수는 3,130,753회에 이른다.
- 우기오기는 다운증후군 동생과 누나의 도전 이야기를 전한다. 구독자는 2,430명이며 조회수는 520,353회이다.

다운증후군에 대한 오해와 실제

아는 것은 힘이다. 임신과 출산도 마찬가지다. 〈우리들의 블루스〉를 보기 전까지 우리는 다운증후군을 가진 정은혜 화가가 그렇게 멋진 그림을 그리리라 상상하지 못했다. 〈이상한 변호사 우영우〉를 보기 전까지는 자폐인이 변호사가 되리라 생각하지 못했다. 송도아 작가의 《나도 시인이 될래》를 읽기 전까지는 다운증후군을 가진 사람이 그토록 아름다운 시를 쓸 것이라고 믿지 못했다.

다운증후군 옹호기관인 사회복지법인 다운회에서 소개하는 오해와 실제 10가지를 소개하고, 저자가 몇 가지 사항을 부연 설명했다.

다운증후군은 유전되나요?

다운증후군의 종류 중 전좌의 경우 유전가능성이 있습니다.

◎ 대부분 유전이 아니며 유전되는 불균형 전좌 unbalanced translocation 에 의한 다운증후군은 3~4% 미만이다.

다운증후군 사람들은 오래 살지 못하나요?

다운증후군의 기대수명은 일반 인구 집단에 비해 낮은 편이지만 최근 급격한 향상을 보이고 있습니다. 알츠하이머(치매)가 일찍 와서 수명이 단축된다고 우려하는 견해도 있으나, 다운증후군의 예후를 결정하는 가장 중요한 요인은 '선천성 심질환'입니다. 심장외과학의 획기적인 발전으로 선천성 심질환의 치료법이 개선되고 예후가 많이 좋아져 다운증후군의 평균수명은 한층 개선되고 있습니다.

◎ 과거에는 평균수명이 짧았으나 최근 의학의 발전에 따라 55~60세로 연장되었고, 삶의 질 역시 향상되고 있다. 다운증후군을 가진 사람 중 역사상 가장 오래 산 미국인 버트 홀브룩 Bert Holbrook 은 2012년 83세로 세상을 떠났다.

다운증후군은 현대사회에서 새롭게 발생된 장애의 유형인가요?

다운증후군은 인류의 진화 과정과 함께해왔으며, 고고학적으로 7세기경 다운 어린이의 특징을 가진 두개골이 발견된 사례가 있습니다. 다운증후군은 이미 오래전부터 우리 곁에 있었습니다.

다운증후군을 가진 사람을 '몽골리즘'이라고 불러도 되나요?

몽골리즘은 19세기 중반, 다운증후군을 가진 사람들의 다소 동양적인 외모를 보고 서양에서 부적절하게 표현한 용어입니다. 인종차별적 암시를 지닌 말로 볼 수 있기 때문에 써서는 안 됩니다.

다운증후군 남성과 여성은 자녀를 가질 수 없나요?

비장애인과 마찬가지로 다운증후군 여성도 자녀를 가질 수 있습니다. 해외에서는 다운증후군 남성 중 두 명이 아버지가 되었다는 기록이 있습니다.

◎ 다운증후군을 가진 사람이 부모가 되는 데는 어려움이 따른다. 다운증후군 여성은 임신이 가능하다. 남성은 난임인 경우가 많지만 자녀를 가진 사람이 있다. 예컨대 2022년 5월 시리아에서 다운증후군 남성의 아들이 치과의사가 되었다는 뉴스가 전해졌다.

다운증후군 어린이는 특수학교에 다녀야 하나요?

통합교육을 통해 다운증후군을 포함한 장애 어린이가 초, 중, 고 이상의 교육을 받고 있습니다.

다운증후군을 가진 모든 사람이 알츠하이머 치매를 겪나요?

다운증후군을 가진 많은 사람이 치매를 겪지만 피할 수

없는 것은 아닙니다. 비장애인과 동일하게 개인차가 있으며, 발병한다고 해도 비장애인들보다 20~30년 먼저 시작되는 경향을 보일 뿐입니다.

◎ 다운증후군에서 50세 이전에 알츠하이머 증상이 나타나는 경우는 20~55%다.

다운증후군을 가진 사람은 인간 관계를 형성할 수 없나요?

다운증후군을 가진 사람도 다른 모든 사람과 마찬가지로 살아가면서 친구를 사귀거나 다른 사람을 미워하는 등 모든 인간관계를 완벽하게 형성할 수 있습니다.

다운증후군을 가진 사람은 항상 행복한가요?

다운증후군을 가진 사람도 다른 모든 사람과 똑같은 감정과 느낌을 가지고 있습니다.

다운증후군은 고령의 산모에게서만 출생하나요?

다운증후군 자녀를 출산한 산모의 80%가 35세 이전에 출산하였습니다. 그러나 산모의 나이가 많을수록 비율이 증가할 가능성은 있습니다.

◎ 다운증후군은 산모 나이에 따라 빈도가 늘어나지만, 젊은 산모의 아기에서도 발생할 수 있다. 미국의 보고에 따르면 다운증후군의 80%는 35세 미만의 산모에게서 태어났다. 2005~2006년 우리나라에서 태어난 394명

의 다운증후군 신생아를 조사한 결과 산모의 평균 연령은 약 33세였다.

다음은 미국의 다운증후군협회에서 제공하는 다운증후군에 대한 오해 또는 근거 없는 믿음 myth 14가지 항목이다. 우리 나라 다운회에서 제공하는 정보와 중복되는 내용도 있고, 통계 숫자가 약간 다른 부분도 있지만 그대로 인용했다.

다운증후군은 드문 질환이다.
아니다. 다운증후군의 빈도는 약 772명의 출생아 당 1명으로 미국에서 매년 약 5,100명의 다운증후군 신생아가 태어난다.

다운증후군은 유전질환으로 가족 내에서 유전된다.
아니다. 유전성인 경우는 1%에 불과하다.

다운증후군 어린이는 대부분 나이가 많은 부모에게 태어난다.
아니다. 젊은 여성이 자녀를 더 많이 낳는 경향이 있기에 다운증후군 어린이는 35세 미만 여성에게서 더 많이 태어난다. 산모의 나이가 높아짐에 따라(특히 35세 이상) 다운증후군 어린이가 태어날 확률이 상승하는 것은 사실이다.

다운증후군 자녀를 양육할 때는 지역사회의 지원을 받기 어렵다.

아니다. 미국의 거의 모든 지역사회에는 다운증후군 당사자와 가족에게 서비스를 제공하는 부모 지원 그룹 및 기타 지역사회 조직이 있다.

다운증후군을 가진 사람은 모두 심한 지적장애를 겪는다.

아니다. 다운증후군을 가진 사람의 지적장애는 대부분 경도에서 중등도다. 지적장애가 각 개인의 강점과 재능을 제한하는 것도 아니다. 장애가 있는 사람은 특정 과제를 수행하거나 말을 하는 데 시간이 조금 더 걸린다고 생각해야 한다.

다운증후군을 가진 사람은 항상 아프다.

아니다. 다운증후군을 가진 사람은 선천성 심장질환, 호흡기, 청력 및 갑상선 질환을 겪을 확률이 더 높지만, 의학의 발전으로 대부분 치료 및 관리가 가능하다.

과학자들은 다운증후군에 대한 모든 것을 알고 있다.

아니다. 21번 염색체가 전체 또는 부분적으로 3개 존재하는 것이 다운증후군의 특징을 유발한다는 것은 알지만,

21번 염색체 상의 특정 유전자가 구체적으로 어떻게 다운증후군의 표현형에 영향을 미치는지에 대해서는 계속 연구 중이며, 조금씩 진전을 이루고 있다. 이제 과학자들은 다운증후군과 관련된 많은 건강 문제를 개선, 교정 또는 예방하는 것이 가능할 것이라고 확신한다.

다운증후군 학생의 유일한 교육 방법은 (분리된) 특수 교육 프로그램이다.

아니다. 다운증후군 학생은 전형적인 일반 학급에서 배운다. 현재 교육 추세는 사회 및 교육 환경에 완전히 통합하는 것이다. 때때로 특수 학급을 이용하기도 하지만, 대부분 다른 학생과 함께 일반 학급에서 교육받는다. 다운증후군을 가진 사람이 고등학교를 졸업하고 고등 교육 및 대학 프로그램에 참여하는 경우도 늘고 있다.

다운증후군을 가진 사람은 지역사회의 활동적인 구성원이 될 수 없다.

아니다. 다운증후군을 가진 사람도 교육, 사회 및 레크리에이션 활동에 적극적으로 참여한다. 일반 교육 시스템 속에서 배우며 스포츠, 음악, 예술 프로그램 및 지역사회 활동에 참여한다. 다운증후군을 가진 사람도 가족과 지역사회의 소중한 구성원이며 사회에 의미 있는 기여를 한다.

다운증후군을 가진 사람은 늘 행복하다.
아니다. 다운증후군을 가진 사람도 다른 사람과 마찬가지로 모든 감정을 경험한다. 예컨대 긍정적인 우정 표현에 반응하고, 사려 깊지 못한 행동에 상처받는다.

다운증후군 성인은 다운증후군 어린이와 비슷하다.
아니다. 다운증후군을 가진 성인은 어린이가 아니므로 어린이로 간주해서는 안 된다. 그들은 다른 성인들과 함께 하는 활동과 교제를 즐기고, 또래와 비슷한 욕구와 감정을 갖는다.

다운증후군 성인은 결혼으로 이어지는 친밀한 관계를 형성할 수 없다.
아니다. 다운증후군을 가진 사람도 사교 활동을 하고 의미 있는 우정을 쌓는다. 일부는 데이트를 선택하고, 지속적인 관계를 유지하며, 결혼한다.

다운증후군 성인은 취직할 수 없다.
아니다. 은행, 회사, 호텔, 병원, 요양원, 사무실 및 식당

등 여러 기업이 다양한 직책에 다운증후군 성인을 고용한다. 음악 및 엔터테인먼트 산업, 사무직, 육아, 스포츠 및 컴퓨터 분야에서 일하기도 한다. 다른 사람처럼 다운증후군을 가진 사람도 자신의 일이 가치 있게 여겨질 직업을 갖고 싶어 한다.

진심으로 의도한 것이 아니라면 '정신지체'란 말을 써도 문제없다.
아니다. 절대로 '정신지체'라는 단어를 써서는 안 된다. 이 단어는 장애인이 능력이 없음을 암시하기 때문에 다운증후군을 가진 사람에게 상처를 준다.

그 외에도 개인적으로 약간의 보충 설명을 덧붙이면 다음과 같다.

다운증후군 어린이는 형제 자매에게 부정적인 영향을 미친다.
그렇지 않다. 다운증후군 형제 자매가 있는 경우 오히려 포용력이 넓고 이해심이 많은 경향이 있다. 다운증후군의 대가인 하버드 의과대학 소아청소년과의 스코트코(Skotko) 박사는 여동생이 다운증후군이 아니었다면 지금 자신의 연구가 없었을 것이라고 했다.

다운증후군을 가진 모든 사람은 비슷하게 생겼다.

그렇지 않다. 외모가 특징적이기는 하지만, 각자의 모습은 부모와 더 닮았다. 2018년 3월 21일 세계다운증후군의 날을 맞아 전 세계 50명의 다운증후군 아기와 엄마가 '천년의 세월 A Thousand Years'이란 노래를 같이 부르는 행사를 열었다. 유튜브에서 그 동영상을 보면 아기들이 얼마나 부모를 닮았는지 알 수 있다.

다운증후군을 가진 모든 사람은 비만하다.

다운증후군에서 비만이 동반될 확률은 어린이 시기에 약 25%, 어른에서 약 50%로 보고되었다. 따라서 건강한 식습관과 규칙적인 운동을 통해 조기 관리해야 한다.

세계의 다운증후군

유병률과 출생률

 최근 발표된 자료에 따르면 다운증후군을 가진 사람의 수는 다음과 같이 추정된다.

- 미국 약 20만 명(2010년 기준),
- 유럽 약 41만 7,000명(2015년 기준),
- 호주 1만 3,426명(2020년 기준),
- 뉴질랜드 3,065명(2020년 기준)

같은 지역에서 출생아 1만 명당 다운증후군 생존아 수는 다음과 같이 추정된다.

- 미국 12.6명(2006~2010년 기준),
- 유럽 9.6명(2011~2015년 기준),
- 호주 5.2명(2020년 기준),

- 뉴질랜드 6.0명(2020년 기준)

우리나라는 어떨까? 2007~2016년 건강보험 청구 자료와 통계청 인구동향조사를 이용한 연구에 따르면 출생 후 한 번이라도 다운증후군 진단을 받은 적이 있는 사람 수는 2008년 5,980명에서 2016년 7,364명으로 늘었다. 반면 출생아 1만 명당 다운증후군 생존아 수는 5.03명(2007~2016년 기준)으로 미국이나 유럽에 비해 현저히 낮다. 우리나라는 결혼 및 출산이 늦어 산모의 나이가 높아지면서 다운증후군 발생 빈도도 높아질 수밖에 없다. 임신 중 불안한 마음으로 NIPT 검사를 선택하는 사람도 늘고 있어 앞으로 다운증후군 생존아 출생이 더 감소하지 않을까 우려된다.

이번 주에 첫 번째 임신에서 24주에 갑자기 태어난 아기를 일주일 만에 잃은 산모를 진료했다. 나는 다운증후군 선별검사에 관해 ① 검사를 시행하지 않음, ② 통합검사, ③ NIPT검사 옵션이 있음을 설명했고, 그녀는 1번을 선택했다. 나는 마음속으로 아낌없는 지지를 보냈다. 참고로 미국에서는 약 20%의 부부가 1번 옵션을 선택한다.

다운증후군에 동반되는 주요 의학적 문제

 **선천성 질환**

- 선천성 심장병: 40~50%에서 방실중격결손, 심방중격결손, 심실중격결손, 활로사징과 같은 심장 이상이 나타나며 수술이 필요하다.
- 선천성 위장관 질환: 12%에서 식도 폐쇄나 십이지장 폐쇄, 기관식도루나 거대 결장 등 위장관 문제가 동반되며 수술이 필요하다.
- 눈: 3%에서 선천성 백내장이 발생할 수 있다. 조기 발견 및 치료가 중요하다.

자라면서 발견되는 의학적 문제

- 갑상선 기능 이상: 2~7%에서 선천성 갑상선 기능저하가 동반되며 조기 진단 및 치료가 필요하다. 성장하면서 갑상선 자가항체(13~39%) 또는 갑상선 기능항진증

(0.65~3%)이 발생할 수 있다. 성인기까지 갑상선 기능이 상이 생기는 빈도가 50% 정도로 높아 꾸준한 추적 관찰이 필요하다.
- 청력: 내이의 구조적 이상이나 잦은 중이염(50~70%)으로 청력이 저하될 수 있다.
- 시력: 근시(40%) 및 원시(20%)가 동반되므로 정기적인 안과 검진이 필요하다.
- 수면무호흡증: 50~79%에서 동반되므로 관리가 필요하다.
- 호흡기계 감염: 면역기능 저하로 호흡기 감염(20~36%)이 빈번하게 나타난다.
- 간질: 약 1~13%에서 동반되며 신경과 치료가 필요하다.
- 혈액: 철분결핍성 빈혈(6.7%)과 드물게 백혈병(1%)이 동반된다.
- 기타: 셀리악병 등 자가면역질환(1~5%), 제1형 당뇨병(1%), 경추불안정(1~2%), 피부 문제 등이 발생할 수 있다.

대부분 현대의학으로 치료 및 관리가 가능하므로 다운증후군을 가진 사람의 대다수는 건강한 삶을 영위한다. 참고로 다운증후군 어린이는 특정 소아 백혈병에 걸릴 확률이 더 높지만 고형암에 걸릴 확률은 훨씬 낮고, 다운증후군 성인은 심장발작이나 뇌졸중을 겪을 가능성이 낮다.

다운증후군 아기는 출생 시 근육 긴장도가 낮아 뒤집고, 앉고, 서고, 말하는 것이 느릴 수 있으나, 대개 시간이 지나면서 회복되고 물리치료를 통해 더 빨리 호전된다. 미국소아과학회의 발달 시기에 따른 다운증후군 어린이 및 청소년기 의학적 관리 지침을 간략히 요약하면 다음과 같다.

① **신생아기**(생후 4주 이내) : 출생 후 체중과 신장을 측정해 신생아 발육곡선과 비교 분석하며, 수유 상태를 확인해 적절한 열량을 섭취하는지 평가한다. 출생 후 심장초음파, 청력선별검사, 안과검사, 갑상선검사, 위장관질환 평가가 필요하다. 근력 저하, 갑상선 기능저하증, 선천성 거대결장 유무를 확인하고, 근육 긴장도가 저하되거나 수유 속도가 지연되는 경우 연하검사를 시행한다.

② **영유아기**(생후 1개월~1년) : 체중과 신장을 측정해 소아 발육곡선과 비교한다. 심장질환이 확진된 경우, 선천성 심부전 증상이 생기는지 관찰하면서 아급성 세균성 심내막염을 예방한다. 독감을 포함한 예방접종을 시행하고, 치과 검진을 통해 불규칙한 치열 혹은 치아 발달 지연이 있는지 확인한다. 갑상선검사, 청력검사를 시행하고, 폐쇄성 수면 무호흡증이 있는지 평가한다.

다운증후군 영유아의 발달 이정표

활동	다운증후군 영유아	전형적인 영유아
보고 웃는다	1.5~3개월	0.5~3개월
뒤집기	2~12개월	2~10개월
앉기	6~18개월	5~9개월
기어 다니기	8~25개월	7~13개월
혼자 서기	10~32개월	8~16개월
혼자 걷기	12~45개월	8~18개월
단어 말하기	9~30개월	6~14개월
문장 말하기	18~46개월	14~32개월

출처 미국 다운증후군협회

다운증후군 자녀를 키우는 부모를 위한 〈우리아이 육아수첩〉 2018년도에 개정되었으며 누구나 무료로 볼 수 있다. 아기의 건강을 기록할 수 있을 뿐만 아니라 성장발달, 조기 중재에 대한 내용이 잘 정리되어 있다(출처 다운회).

① 유아기(1~5세): 매년 빈혈 수치를 확인하고 갑상선검사, 청력검사, 안과검진을 시행한다. 폐쇄성수면무호흡증이 있는지 평가한다.

② 유소년기(5~13세): 매년 갑상선검사와 청력검사를 시행하

고, 2년마다 안과검진을 시행한다. 폐쇄성 기도로 인한 수면 무호흡이 있는지 평가한다. 적절한 체중관리와 식이상담을 통해 과체중이나 비만이 되지 않도록 하고, 행동성향과 사회적 발달을 평가해 언어치료, 작업치료를 시행한다.

③ **청소년 및 청년기(13~21세)**: 매년 갑상선검사, 청력검사, 빈혈수치검사를 시행하고, 3년마다 안과검진을 시행한다. 행동학적, 사회학적 발달은 물론 재무계획, 행동문제, 학교배치, 직업훈련, 위생 및 자기관리와 독립, 작업환경도 평가한다. 사춘기의 신체적, 심리사회적 변화를 고려해 성교육 및 상담을 시행하고, 임신할 경우 다운증후군 아이가 출생할 확률에 대해 상담한다.

④ **성인기(21세 이후)**: 매년 갑상선검사, 2년마다 안과검사를 시행한다. 심장 초음파로 승모판과 대동맥 판막질환을 평가하고, 아급성 세균성 심내막염을 예방한다. 여성은 첫 성교 후 1~3년마다 자궁세포진검사와 골반검사를 시행하고, 2~3년마다 골반 초음파와 유방검진을 시행한다. 건강, 성교육, 흡연, 약물 및 알코올에 대한 교육, 지속적인 언어 치료, 정기적인 신경학적 검사가 필요하다. 독립적인 생활능력을 평가하고 기억력 저하, 운동 실조, 발작, 소변 및 대변 실금 등 초기 치매 증상이 나타날 경우 신경과 진료를 받는다.

다운증후군과
유명 인물

 캐런 개프니 (Karen Gaffney, 1977년생, 미국)
정규 고등학교를 졸업하고, 포틀랜드 지역전문대학 Portland Community College에서 2년제 과학 준학사 학위를 받았다. 영국해협을 헤엄쳐 건넜으며, 타호 호 Lake Tahoe에서 9마일을 쉬지 않고 수영한 것으로도 유명하다. 캐런 개프니 재단을 설립하고 미국, 캐나다, 영국, 노르웨이, 싱가포르 등 전 세계 청중 앞에서 다운증후군에 관한 연설을 했다. TED에서 강연한 최초의 다운증후군 연자로 다음과 같이 유명한 말을 남겼다.

"모든 사람의 삶은 가치 있고 중요합니다. 염색체 개수와 상관없이 말이죠."

"의사는 저의 다운증후군을 맞게 진단했지만 영국해협을 헤엄치는 저의 능력은 보지 못했죠."

프랭크 스티븐스 (Frank Stephens, 1982년생, 미국)
현재 세계 다운증후군 재단 대변인이며, 영화배우와 운동선수로도 활동했다. 2017년 9월, 다운증후군 치료 연구비 지원을 위한 미의회 공청회에서 유명한 말을 남겼다. "나는 다운증후군을 가진 사람이고, 나의 삶은 가치 있습니다." 2012년 캐나다 방송국에서는 그를 '가장 특이한 평범한 사람(most extraordinary ordinary people)'이라고 소개했다. 2017년 미의회 연설에서 다음과 같이 말했다.

"어떤 사람은 임신 중 산전검사를 통해 자궁 내 다운증후군을 식별할 수 있으며, 그런 임신은 그냥 종결될 것이라고 합니다. 나는 여기서 이런 이야기를 하는 것이 민망하고 힘듭니다. 임신 종결이라는 해결책을 추진하는 사람은 나 같은 사람이 존재해서는 안 된다고 하는 것입니다. 이런 견해는 다운증후군에 대한 낡고 깊은 편견입니다. 저는 진정 멋진 삶을 살고 있습니다."

헤일리 골레니오프스카 (Hayley Goleniowska, 영국)
2017년 '다운증후군이란 두려움 극복하기 Overcoming The Fear of Down Syndrome'라는 TED강연을 통해 다운증후군을 가진 셋째 딸을 출산한 후 겪었던 많은 두려움을 솔직히 고백하고, 장애인의 부모가 되는 과정을 감동적으로 전해주었다. 그녀의 딸은 어린 시절 심장 수술을 받았지만, 이제 아름다운 미소와 친절한 행동으로 남을 돕는 훌륭하고도 어엿한 숙녀로 성장했다. 그녀는 '다운스 사이드 업Downs Side Up'이라는 유명한 블로그를 운영한다.

"우리 사회는 그런 장애를 동정하거나 멸시하거나 처벌하려는 경향이 있습니다. 심지어 언론은 다운증후군을 암처럼 근절해야 할 상태로 묘사하기도 합니다."

"우리 가족은 다운증후군이 내 딸을 특별하게 만드는 한 측면일 뿐임을 배웠습니다. 올바른 기회가 주어지고 사람들의 마음 속에 있는 선입견이 허물어진다면 그녀는 최고가 될 수 있습니다."

"(임신을 종결했다면) 그토록 훌륭한 젊은 여성의 엄마가 될 특권을 누리지 못했을 거라고 생각하면 너무나 두렵습니다."

에이미 보커스테트 (Amy Bockerstette, 1998년생, 미국)

다운증후군 여성 골퍼인 에이미가 2019년 PGA 투어에서 파 3의 벙커샷과 10피트 거리에서 퍼팅에 성공하는 장면은 그야말로 압권이었다. 이 영상은 무려 1,500만 회의 조회수를 기록했고, 벙커샷 전에 외친 'I got this!'는 유행어가 되었다. 그녀는 수많은 관중 앞에서 조금도 긴장하거나 당황하지 않고 페이스를 유지하면서 손을 흔드는 여유를 보였다. 부모는 인터뷰에서 딸이 다운증후군을 가졌다고 해서 어떠한 제한도 두지 않았다고 말했다. 그녀는 골프 장학금을 받고 미국 피닉스의 지역사회 전문대학에 입학했다. 그녀와 부모는 '아이갓디스 재단 I Got This Foundation'을 운영하고 있다.

정은혜 화가 (1990년생, 대한민국)

〈우리들의 블루스〉에 출연한 다운증후군 배우 겸 화가이자 작가. 2022년에는 〈니얼굴〉이라는 다큐멘터리에 어머니인 만화가 장차현실 씨와 함께 출연했다. 정은혜 화가는 2016년부터 양평 문호리 리버마켓에서 4천 명의 얼굴을 그렸다. 2022년에는 《은혜씨의 포옹》이라는 그림에세이를 출간했다. 현재 유튜브 채널 〈니얼굴 은혜씨〉를 운영하고 있다. 책 속에 그녀는 이렇게 적었다.

> 엄마가 스물여섯 살 때 제일병원에서 제가 태어났습니다.
> 엄마는 젊었을 때 참 예뻤죠.
> 저는 다운증후군을 갖고 태어났어요.
> 의사 선생님이 "이 아이는 다운증후군이에요."
> 그랬더니 사람들은 놀랐어요. 엄마도 깜짝 놀랐어요.

감사의 말

 네덜란드와 이탈리아를 오가는 삶을 만들어준 두 아들과 여정이 고단하지 않게 항상 함께해주는 남편에게 무한한 사랑을 전합니다. 아낌없는 사랑을 베풀어주신 엄마 아빠께 진심으로 감사드립니다. 한 권의 책이 독자에게 주는 가치를 알려주신 강병철 선생님, 세심한 편집으로 예쁘고 읽기 쉬운 책을 만들어주신 양현숙 편집장님께 감사합니다. 주성이가 자라는 동안 선한 손길을 내밀어주신 수많은 이웃들 덕분에 저도 선한 사람으로 살아가고자 노력합니다. 하나님의 큰 그림 속에서 저희 가족이 조금 더 따뜻한 사회를 만들어 가는 데 쓰임 받기를 소망합니다.

― 최은경

 다운증후군이라는 공통의 주제로 저희를 연결해주신 오수영 교수님, 늘 밝고 힘찬 에너지로 도움을 주시는 최은경 교수님께 감사합니다. 육아와 가사에 많은 시간을 내주고, 나를 이해하며 힘이 되어주는 남편께 감사합니다. 부모님과 언니 덕분에 더 풍요로운 삶을 살게 되었고, 가치 있는 삶을 추구하는 사람이 되려고 노력합니다. 부모님께, 늘 든든한 남동생에게, 언제나 나를 사랑하고 아껴주는 천사 같은 언니께 감사의 마음을 전합니다. 사랑합니다.

— 박주형

어쩌면 제 삶은 《아름, 다운 증후군》이란 책을 쓰기 전과 후로 나뉠지도 모르겠다는 생각이 듭니다. 여러분의 삶, 또는 임신과 출산의 여정도 이 책을 읽기 전과 후로 달라진다면 더할 나위 없이 기쁘고 감사한 일입니다. 초기 기획 과정에서 도움을 준 이한경 선생에게도 감사의 말을 전합니다.

— 오수영

아름, 다운 증후군

초판 1쇄 발행 2024년 1월 1일

지은이 최은경, 박주형, 오수영
발행인 원경란
기획 강병철
편집 양현숙
디자인 신병근, 선주리

펴낸곳 꿈꿀자유 서울의학서적
주소 제주특별자치도 제주시 국기로 14 105-203
전화 010-5715-1155(편집부), 070-8226-1678(마케팅부)
팩스 0505-302-1678
이메일 smbookpub@gmail.com
등록 2012. 05. 01 제2012-000016호

© 최은경, 박주형, 오수영 2023
ISBN 979-11-87313-67-0 03810

- 이 책은 꿈꿀자유 서울의학서적이 저작권자와의 계약에 따라 발행한 것이므로 출판사의 서면 허락 없이는 어떠한 형태나 수단으로도 이 책의 내용을 이용할 수 없습니다.
- 잘못된 책은 구입하신 서점에서 바꾸어 드립니다.
- 값은 표지에 있습니다.